I0887427

La philosophie est une réflexion pour qui toute matière étrangère est bonne, et nous dirions volontiers pour qui toute bonne matière doit être étrangère.

Georges Canguilhem

Esthétique du virtuel

dans la même collection

Pierre Cassou-Noguès, *Une histoire de machines, de vampires et de fous*, 2007
Guillaume le Blanc, *Les maladies de l'homme normal*, 2007
Jean-Michel Salanskis, *Territoires du sens*, 2007
Alexandru Dragomir, *Banalités métaphysiques*, 2008
Mauro Carbone, *Proust et les idées sensibles*, 2008
Olivier Schefer, *Variations nocturnes*, 2008
Roberto Diodato, *Esthétique du virtuel*, 2011
Alexandru Dragomir, *Cahiers du temps*, 2010
Christophe Genin, *Kitsch dans l'âme*, 2010

ROBERTO DIODATO

Esthétique du virtuel

Traduit de l'italien par Hélène Goussebayle

VRIN
Matière Étrangère

À Chicco et Checco
mes deux magnifiques grands garçons

Titre original : Roberto Diodato, *Estetica del virtuale*
© Paravia Bruno Mondadori Editori 2005

Directeurs de collection :
Bruce Bégout et Étienne Bimbenet

En application du Code de la Propriété Intellectuelle et notamment de ses articles L. 122-4, L. 122-5 et L. 335-2, toute représentation ou reproduction intégrale ou partielle faite sans le consentement de l'auteur ou de ses ayants droit ou ayants cause est illicite. Une telle représentation ou reproduction constituerait un délit de contrefaçon, puni de deux ans d'emprisonnement et de 150 000 euros d'amende.Ne sont autorisées que les copies ou reproductions strictement réservées à l'usage privé du copiste et non destinées à une utilisation collective, ainsi que les analyses et courtes citations, sous réserve que soient indiqués clairement le nom de l'auteur et la source.

© Librairie Philosophique J. VRIN, 2011
ISSN 1961-8336
ISBN 978-2-7116-2224-5
www.vrin.fr

préface

Les ténèbres tombèrent de toutes parts, une sphère de ténèbres brasillantes, pression sur le cristal distendu des nerfs de cet univers de données qu'il était pratiquement devenu…
Et lorsqu'il ne fut plus rien, compressé au cœur même de toute cette obscurité, vint un point où l'obscurité ne pouvant plus s'accroître, quelque chose se déchira.
Le programme Kuang jaillit du nuage sombre, la conscience de Case se divisa comme autant de gouttelettes de mercure, décrivant un arc au-dessus d'une plage infinie de la couleur des nuages d'argent terni. Sa vision était sphérique, comme si une rétine unique recouvrait la surface intérieure d'un globe qui contenait toutes choses, si toutes choses pouvaient être dénombrées.
Et certes, ici, chaque catégorie d'objets pouvaient être dénombrée. Il savait le nombre de grain de sable que contenait la reconstitution de la plage (un nombre codé dans un système mathématique qui n'existait nulle part ailleurs que dans cet esprit qu'était Neuromancien). Il savait le nombre de paquets de rations jaunes contenus dans les caisses à l'intérieur de la casemate (quatre cent sept). Il savait le nombre de dents de laiton dans la moitié gauche de la fermeture éclair ouverte du blouson de cuir incrusté de sel que Linda Lee portait tandis qu'ellle parcourrait d'un pas lourd la grève au crépuscule, balançant un morceau de bois d'épave dans sa main (deux cent deux).
[…]

« Mais tu ne sais pas ses pensées » – dit le garçon, à ses côtés maintenant, au cœur même de la chose-requin. « Je ne sais pas ses pensées. Tu t'es trompé, Case. Vivre ici, c'est vivre pour de vrai. Il n'y a pas de différence [1].

Beaucoup auront reconnu une page du *Neuromancien* de William Gibson. Une expérience de réalité virtuelle y est décrite, l'immersion dans un monde de numéros qui apparaît à travers des formes, des images, des sensations. Une expérience possible, non actuelle, mais possible comme l'était celle d'un voyage en sous-marin à l'époque de Jules Verne [2]; mais si elle est une expérience, et peut-être nous arrivera-t-il de vivre dans ce genre de monde, il n'est pas vrai qu'il n'y a aucune différence avec le monde réel. Ces éventuelles différences sont l'argument de ce petit livre. Celui-ci s'intitule *Esthétique du virtuel* parce qu'il traite des corps qui sont des images ; et des interactions entre notre corps, appesanti et en même temps allégé par des prothèses non organiques, et ces images ; et des interactions entre l'image de notre corps (notre *avatar*) et ces corps. Nous chercherons donc la signification de la configuration conceptuelle reliant corps et image, c'est-à-dire perception, représentation, simulacre ... pour comprendre si (et comment) le sens de ces paroles change lorqu'elles sont utilisées pour décrire notre expérience des environnements virtuels. Nous tenterons de penser la notion paradoxale de corps-image virtuel et l'enchevêtrement d'activité et de passivité qui caractérise le spectateur-acteur dans le monde virtuel. Nous essayerons de distinguer l'expérience du virtuel de l'expérience du rêve et d'établir la différence entre le virtuel et le possible, d'exprimer la potentialité particulière qui a des

1. W. Gibson, *Neuromancien*, Paris, Éditions de la Découverte, 1985, p. 285-286.

2. *Cf.* A. Gilead, « How Many Pure Possibilities are There? », *Metaphysica International Journal for Ontology & Metaphysics*, 5, 2004, p. 89-90; c'est précisement le sous-marin décrit par Jules Verne dans *Vingt milles lieux sous les mers* qui est considéré comme un « possible ». Amihud Gilead en polémique ici avec N. Rescher (*cf.* « Nonexitents Then and Now », *The Review of Metaphysics*, 57, 2003, p. 359-381).

conséquences sur le virtuel. Tout cela conduira à penser la structure du monde virtuel comme essentiellement relationnelle ou, si on veut, comme un lieu qui existe uniquement dans la rencontre.

Une affirmation de Robert Delaunay citée par Merleau-Ponty dans *L'Œil et l'Esprit* m'a toujours frappé : « je suis à Saint Petersbourg dans mon lit ; à Paris mes yeux voient le soleil », elle me semble simplement vraie et d'une grande portée. Maintenant, si je devais résumer ce travail, je dirais que les mondes virtuels ont quelque chose à voir avec cette vérité.

Mes plus vifs remerciements vont à tous les collègues et amis qui m'ont aidé. Je remercie en particulier Vincenzo Cuomo, Paolo D'Alessandro, Tonino Griffero, Fabio Merlini, Lucia Pizzo Russso, Luigi Russo, Antonio Somaini, Renato Troncon de m'avoir invité à écrire et à publier sur différents aspects du virtuel ; Carlo Alberto Avizzano, Lucia Demartis, Oscar Meo, Francesco Piselli, Pier Cesare Rivoltella d'avoir lu des parties de ce texte et de m'avoir donné de précieux conseils ; Massimo Bergamasco de m'avoir permis de visiter les extraordinaires environnements virtuels du PERCRO, Ecole Supérieure de Sant'Anna ; Antonella Carassa de m'avoir permis de lire ses importants travaux alors qu'ils étaient encore inédits ; Paolo Paolini pour les discussions dans les intéressants séminaires auxquels il m'a invité.

A l'occasion de cette édition française, je remercie vivement Mauro Carbone pour son aide précieuse et Bruce Bégout d'avoir accueilli ce livre dans sa collection.

chapitre premier

esthétique du corps virtuel

Par «corps virtuel», j'entends tout d'abord une image digitale[1] interactive, un algorithme de forme binaire se phénoménalisant dans l'interaction avec un utilisateur-bénéficiaire, autrement dit une opération d'écriture qui dans son apparence sensible, à la fois expose et voile le projet informatique qui la constitue. Apparition d'une grammaire, une telle image-langage implique une dimension spectrale particulière qui a des répercussions sur le rapport visible-invisible et structure la modalité de l'usage. De ce point de vue l'image digitale, qui peut être multisensorielle, n'est pas seulement *mimesis* d'une chose ou d'une image[2], identifiable ou non, elle n'a donc pas une essence de simulacre[3] ; elle n'est pas non plus, du reste, icône[4] ou image originaire, mais plutôt une forme génético-relationnelle qui appartient à un système multiple de traduction. L'image digitale n'est pas à proprement parler «image» mais plutôt corps-image, puisqu'elle est constituée de séquences ordonnées d'unités binaires, autrement dit d'une chaîne de caractères qui se développent

1. *Cf.* le forum très intéressant sur l'image digitale de la revue télématique *Kainós* (www. Kainós.it) coordonnée par Vincenzo Cuomo. Également de nombreux textes comme M. Costa, G. Lista (dir.), *Art Multimedia*, numéro monographique de la revue « Ligeia » (n°45-48, juillet-décembre 2003).

2. *Cf.* sur ce point M. Costa, *Il sublime tecnologico*, Roma, Castelvecchi, 1998, p. 71.

3. Si, par essence de simulacre, on entend un rapport mimétique dans lequel l'objet se représente à l'infini, alors la structure du simulacre est construite sur la structure de la *mimesis* : un renvoi mais privé d'original, pour lequel l'origine ou le modèle restent absents, sans rapport avec l'idée d'origine et de relation à l'origine comme modèle.

4. Sauf à penser l'icône comme une sorte de seuil, de lieu relationnel, de circulation et d'échange.

en divers niveaux d'une syntaxe qui construit la coïncidence entre ces chaînes et les apparences sensibles, au stade actuel plutôt sonores ou visuelles, mais en général perceptibles [1]. Désormais on sait que, dans les séquences discrètes, on traduit aussi des événements ondulatoires continus. Corps subtil dans un monde non continu, monde discret de points-données qui se manifestent comme fluidité et densité et saturent la perception, informatiquement ou formellement langage de programmation, le corps virtuel est certes un corps électronique et donc un agrégat atomique (pour utiliser une autre métaphore), mais le processus de digitalisation le rend particulièrement léger : complexe de données parfois très nombreuses et transmissibles d'une manière extraordinairement rapide (la plus grande rapidité permise par la physique), il est disponible pour de nombreuses incarnations, qui sont en même temps structurellement identiques et phénoménalement différentes en tant qu'entités hybrides, ou que corps-images ; et son apparence, son « exister-comme » image est par essence interactif. C'est là un point délicat sur lequel nous devrons revenir, mais qui, du moins, permet d'exclure de la notion de corps virtuel les images digitales simplement photographiques ou télé-visuelles, qui permettent une action passive sans conséquences sur les propriétés de leur apparaître. Surtout, à un degré différent de la signification de corps virtuel, les images digitales ne permettent pas une rétroaction sur la structure de la mémoire informatique, c'est-à-dire un enregistrement sur la matrice [2]. Les degrés d'opérativité interactive sont bien évidemment riches, comme l'est corrélativement le sens de la notion de « corps virtuel » ; en

1. Sur la structure de l'image de synthèse, *cf.* M. Porchet, *La production industrielle de l'image. Critique de l'image de synthèse*, Paris-Budapest-Torino, L'Harmattan, 2002, surtout p. 95-115.

2. Pietro Montani a fort à propos insisté sur ce type fort d'interactivité dans une conférence lors de la rencontre Esthétique & Design (Palerme, 27 septembre 2003), promue par le laboratoire SIE de Design industriel dirigé par Luigi Russo. Evidemment l'intervention sur la matrice se conçoit selon des modalités différentes en fonction du type des corps virtuels sur lesquels on interagit.

approfondissant, nous approcherons une notion forte de corps virtuel, qui nous intéresse ici pour la nouveauté de son statut ontologique.

D'un point de vue simple, vaste et primaire, on définit comme «corps virtuel», par exemple, n'importe quel objet-image actuellement et communément visible sur l'écran d'un ordinateur, et qui, dans l'interaction, se modifie et se constitue en événement spécifique. Il s'agit fréquemment d'un certain type d'entité graphique qui, mise en relation avec d'autres entités du même genre, construit un environnement avec lequel l'utilisateur peut interagir. Il serait opportun de produire une phénoménologie de ces objets-images, qui devrait probablement partir d'une taxonomie des sites, compris comme organisateurs d'écrans, dotés de finalités variées et donc de problèmes spécifiques. Il s'agit d'un domaine de recherche vaste et en devenir, dans lequel graphisme informatique, conception multimédia et esthétique de la réception pourraient collaborer. Dans ce cadre, l'avatar apparaît comme un objet très intéressant[1] : on parle d'une représentation du corps humain non générique dans le Networked Virtual Environment (NVE) ; c'est une représentation de l'utilisateur et de ses comportements, son alter ego virtuel : moi, utilisateur de cet environnement spécifique, je prends figure à l'intérieur de celui-ci, j'apparais sur l'écran comme une représentation graphique de moi-même ; dans cet environnement j'agis, et mon corps-représentant virtuel, grâce à des instruments adéquats, accomplit les tâches que je lui ordonne. Tout ce que l'avatar accomplit a un impact sur l'environnement virtuel et le modifie ; un tel environnement est connectif, plusieurs avatars peuvent y interagir[2].

1. *Cf.* R. Schroeder (dir.), *The Social Life of Avatars. Presence and Interaction in Shared Virtual Environments*, London, Spriger Verlag, 2002 ; T.K. Sapin, I.S. Pandzic, N. Magnenat-Thalmann, D. Thalmann, *Avatars in Networked Virtual Environments*, Chichester-New York, John Wiley & Sons, 1999.

2. On peut trouver un exemple récent des potentialités de l'avatar avec le *Gulliver's Box*, qui est un système de jeu interactif produit par des groupes de recherche des universités de

Les études de proxémique des avatars sont très intéressantes, comme le sont en général les tentatives pour reproduire les limites du corps humain en une représentation digitale, qui par nature peut, dans son monde, (quasiment) tout faire (voir ou passer à travers les objets, se déplacer d'un lieu à un autre immédiatement, etc.). Par exemple : quel « sens » de l'espace peut avoir un avatar (ou puis-je avoir à travers mon avatar) ? Le corps humain n'a pas un sens homogène ou simplement géométrique de l'espace, établi seulement par des distances mesurables ; l'espace est pour nous non homogène, dense et, comme le temps, il est toujours qualitatif, ce qui pose problème pour les programmateurs [1].

Viennent alors, toujours dans la perspective d'un concept fort de réalité virtuelle, les soi-disant « sculptures immatérielles », qui sont un deuxième exemple de corps virtuel. Il ne s'agit pas d'images digitales visibles sur l'écran d'un ordinateur, mais d'espaces-environnements qui prennent forme dans l'interaction avec les utilisateurs. Ce sont des robots virtuels qui se manifestent en 3D sous forme d'organismes holographiques et holophoniques *quasiment* capables « d'apprendre » des données fournies par les utilisateurs, et de muter en relation avec ces derniers. La possibilité d'interaction est donnée par la création d'un espace virtuel *v*, résultant de la cartographie d'un espace extérieur *r* bien identifié

Singapour et Osaka en collaboration avec Futurlab de Ars Electronica, et présenté au festival Ars Electronica 2003 de Linz. Il s'agit d'une application Mixed Reality qui génère une ambiance ludique. Il permet d'entrer dans le monde décrit dans les *Voyages de Gulliver* en choisissant un personnage et en le déplaçant dans la scène grâce à un cube de verre posé sur une table : les actions du personnage (un Lilliputien, un Brobdingnag) sont reproduites sur un display et situées dans un monde imaginaire en 3D visible à travers un projecteur spécial ; les personnages peuvent interagir entre eux avec différents mouvements et peuvent modifier le point de vue sur la scène. On peut ainsi réaliser une expérience perceptive dans laquelle l'interaction entre utilisateur, avatar, milieu virtuel et milieu physique produit des combinaisons captivantes.

1. Lesquels seraient bien inspirés de tenir compte de la *Phénoménologie de la perception* de Merleau-Ponty.

grâce à des caméras vidéos et des capteurs, n'importe quel changement physique dans *r* pouvant modifier l'état de *v*. Une sculpture virtuelle est donc perceptible comme une forme tridimensionnelle lumineuse et sonore en mouvement, se transformant suivant les gestes des utilisateurs : par exemple, elle peut se retourner, changer de direction, et disparaître[1]. Ces mutations deviendront de plus en plus complexes, donnant lieu à des métamorphoses de la sculpture virtuelle, à la possibilité que celle-ci prenne des formes perceptibles différentes relatives non seulement aux mouvements mais aussi aux états émotifs des utilisateurs. Conceptuellement, le problème d'une métamorphose interactive ne concerne pas la possibilité d'enregistrer des mutations psycho-physiques chez des utilisateurs (cela dépend de la qualité des capteurs et d'une hypothèse réductionniste de fond) ni même, en principe, la gestion par un ordinateur d'une banque de données de morphologies reliée à celles-ci, mais le type de relation que l'on réussit à instituer entre les altérations de l'utilisateur et la génération de formes visibles et sonores. Il est possible de construire, grâce à un schéma d'interfaces, un système de translation précis qui donne lieu à un système de variation-substitution de la configuration-sculpture ; il est plus difficile de disposer d'un système capable de faire évoluer les formes de l'œuvre en interaction avec l'utilisateur : tout sépare un type d'interaction qui se déroule dans les limites préfixées d'une matérialité déjà donnée (dans notre cas, une banque de données, même de dimensions considérables), et une interaction qui peut graver (métaphore de la sculpture) sur la matière programmée, la faisant évoluer vers des états non prévisibles auparavant. Une séparation si évidente ouvre un espace dans lequel sont possibles différentes médiations, que le développement des

1. Un prototype de sculpture immatérielle dont l'élaboration a été lancée par le Pôle didactique de recherche Crema de l'Université de Milan, coordonné par Gianni Degli Antoni, est décrit par Diana Danelli dans *Per una scultura digitale. Quattro studi per Francesco Piselli*, Milano, Prometheus, 2000, p. 23-44.

technologies, et en particulier les recherches en électronique évolutive, se chargent de prospecter[1].

Nous pouvons préciser la spécificité du « corps virtuel » en décrivant préalablement les qualités de l'expérience du virtuel, par conséquent en définissant le concept de virtuel et enfin le concept de « réalité virtuelle ». Avant tout l'expérience de la réalité virtuelle est multimédia et interactive[2], multimédia[3] désignant une certaine « richesse de représentation dans un monde médiat »[4], elle-même constituée de deux facteurs : ampleur (quantité ou nombre des sens impliqués simultanément) et profondeur (qualité des perceptions ou des informations sensorielles) ; l'interactivité désignant « le niveau de

1. Les sculptures immatérielles peuvent sans doute être considérées comme un résultat momentané et le lieu de recherche actuel d'une tendance reconnaissable de l'art électronique, imaginable simplement en feuilletant les catalogues du festival Ars Electronica de Linz. On peut penser par exemple aux désormais anciens (1993) *Genetische Bilder* de Karl Simms et *Simulationsraum-Mosaik mobiler Datenklange-SDMK* du groupe KR+cF, ou au célèbre *Golden Calf* de Jeffrey Shaw. Les développements successifs les plus significatifs de l'art digital doivent probablement être cherchés à l'intersection entre l'art sur le net et en dehors du net. Pour une vision panoramique générale sur l'art digital, *cf.* L. Taiuti, *Corpi sognanti. L'arte nell'epoca delle tecnologie digitali*, Milano, Feltrinelli, 2001 ; Ch. Paul, *Digital Art*, London, Thames & Hudson, 2003 ; F. de Méredieu, *Arts et nouvelles technologies. Art vidéo Art numérique*, Larousse/VUEF 2003 ; en particulier sur l'art virtuel, *cf.* O. Grau, *Virtual Art. From Illusion to Immersion*, Cambridge (Mass.)-London, MIT Press, 2003. Pour une analyse soigneuse des œuvres et des poétiques, *cf.* E. Couchot, N. Hillaire, *L'art numérique*, Paris, Flammarion, 2003. *Cf.* aussi A.M. Duguet, *Déjouer l'image. Créations électroniques et numériques*, Nîmes, Jacqueline Chambon, 2002 (surtout pour l'interprétation des œuvres de Jeffrey Shaw).

2. J'utilise les indicateurs appliqués par J. Steuer, « *Definire la realtà virtuale : le dimensioni che determinano la telepresenza* », in *La comunicazione virtuale. Dal computer alle reti telematiche : nuove forme di interazione sociale*, C. Galimberti, G. Riva (dir.), Milano, Guerini e associati, 1997, p. 55-78.

3. Je ne traite pas ici le thème de la multimedialité, qui mérite un approfondissement approprié. Pour une définition précise (comme "représentation multiple digitalisée") et une articulation des potentialités formatives, *cf.* Pier Cesare Rivoltella, « *La multimedialità* », in *Tecniche e significati. Linee per una nuova didattica formativa*, a cura di C. Scurati, Milano, Vita e Pensiero, 2000, p. 219-258.

4. J. Steuer, « *Definire la realtà virtuale : le dimensioni che determinano la telepresenza* », p. 65.

participation des utilisateurs dans la modification de la forme et du contenu d'un environnement médiat »[1]. L'interactivité peut être à son tour spécifiée par trois facteurs : la vitesse (le temps que met chaque donnée à être assimilée dans l'environnement médiat) ; la gamme (le nombre de possibilité d'actions dans un environnement donné) ; le contrôle (« l'habileté d'un système à vérifier ses propres contrôles dans un environnement médiat d'une manière naturelle et prévisible »[2]). Il existe par conséquent des niveaux de multimédialité et d'interactivité, et l'expérience de la réalité virtuelle sera d'autant plus immersive que ces niveaux seront élevés ; on peut donc soutenir avec Oliver Grau : « virtual realities... are in essence immersive »[3], en considérant cependant le paradoxe de l'affirmation, s'il est vrai que l'immersion physique et mentale, qui implique la suspension de l'incrédulité (*suspension of disbelief*) et l'identification du corps avec le médium, ne coïncide pas, et même au contraire par certains aspects s'oppose, à la simulation. En d'autres termes, j'estime que la « réalité virtuelle » en tant qu'immersive ne doit et ne peut être confondue avec une simulation quasi parfaite de la réalité, avec une simulation qui annule la ressemblance dans l'identité (et donc s'annule elle-même en tant que telle), ou avec une transparence du médium définie téléologiquement : l'immersion peut avoir lieu, et elle a lieu, mais en tant que qualité d'une expérience qui ne peut être confondue avec ce que nous estimons une expérience « réelle ». Pour justifier cette position, on peut examiner la même question du point de vue génético-constitutif : la production d'une « réalité virtuelle » signifie la production d'une expérience dans un environnement (caractérisé

1. *Ibid.*, p. 70.
2. *Ibid.*, p. 71.
3. *Virtual Art*, p. 15. Sur les types d'immersion, *cf.* M. Heim, *Virtual Realism*, New York-Oxford, Oxford University Press, 1998, p. 17-19 (sur l'immersion au moyen du système Cave, *cf.* p. 20-22). Pour un approfondissement de l'*immersion* entendue comme "sensation of being in an environment" *cf.* W.R. Sherman, A.B. Craig, *Understanding Virtual Reality. Interface, Application and Design*, Amsterdam, Morgan Kaufmann Publishers, 2003, p. 381-398.

en tant qu'«environnement» d'un ensemble de «corps virtuels» qui ne sont pas des corps de l'environnement ou dans l'environnement mais qui coïncident avec celui-ci) capable de produire des expériences perceptives chez l'utilisateur; par «générateur de réalité virtuelle» nous pouvons donc entendre une machine capable de faire éprouver à l'utilisateur l'expérience d'un tel environnement, de traduire l'environnement en situation. Donc un générateur de réalité virtuelle *pourrait être* concevable comme un générateur de possibles perceptions sensibles, et plus précisément comme un générateur de perceptions sensibles[1] (visuelles, auditives, tactiles, olfactives etc.) capables de simuler un environnement-situation, que d'une manière suffisamment fidèle nous définirons pré-philosophiquement comme «réel» : un générateur de réalité virtuelle simulerait en somme cette «foi perceptive» qui semble présupposée par notre commerce quotidien avec le monde. Je crois cependant qu'une telle définition est restrictive et, tout compte fait, reste une définition peu intéressante de l'environnement, comme du corps virtuel, car elle tend à une équivalence entre réalité virtuelle et réalité simulée, et donc considère le virtuel comme un aspect de la simulation ou d'un projet mimétique. De fait, un monde que nous définissons comme virtuel par sa capacité à simuler une situation réelle, se révèle fidèle dans la mesure où il est capable de répondre de la manière désirée à chaque action possible de l'utilisateur; néanmoins sa fidélité ne dépend pas seulement des expériences que réalisent effectivement les

1. Sur les aspects connexes à la perception sensible dans un milieu virtuel, *cf.* Sherman-Craig, *Understanding Virtual Reality*, p. 205-280; K. Hillis, *Digital Sensation. Space, Identity and Embodiment in Virtual Reality*, Minneapolis-London, University of Minnesota press, 1999, p. 90-131. Sur la construction du "sens de l'être en présence", *cf.* l'intéressant l'article de John R. Wilson, « *Towards Real Applications of Virtual Environments : Ergonomics Research and Development* », in *Virtual reality. Select Issues and Applications*, H.M. Khalid (éd.), London, ASEAN Academic Press, 2000, p. 9-27 (*cf.* surtout p. 13-19). Nous analyserons le problème dans le prochain chapitre.

utilisateurs, mais aussi de celles qu'ils *pourraient* réaliser[1]; or l'évaluation de cette fidélité «suffisante» est problématique : est-il possible de simuler une réalité sans écart, ou de construire une «illusion parfaite»? En supposant que l'utilisateur dispose de la possibilité d'accomplir des choix libres, dans le sens de la liberté d'indifférence, la simulation est impossible parce que de tels choix ne sont pas calculables. En nous limitant à d'autres hypothèses métaphysiques, c'est-à-dire en supposant, pour simplifier, que les choix soient le résultat d'une série causale infinie (où l'idée même de série est réductrice et inadéquate), la simulation de réalité sera d'autant plus efficace que l'ordinateur réussira à calculer les actions et réactions possibles de l'utilisateur, et à préconstruire en conséquence des interactions potentielles avec les corps-environnements virtuels[2]. Donc, plus ce calcul tendra à l'infini, plus, relativement, cet algorithme sera «phénoménomisable», et plus le virtuel simulera le réel. De ce point de vue, le monde virtuel est une machine spinoziste imparfaite, c'est-à-dire un appareil de relations qui constitue une coïncidence tendancielle entre liberté et nécessité, coïncidence qui s'actualiserait seulement dans un réseau causal d'une épaisseur infinie, essentiellement incalculable[3]. Ainsi donc, le monde virtuel tend à produire une expérience d'immersion envahissante et persuasive, mais en même temps consciente de son statut ontologique particulier : il apparaît comme une simulation tendancielle, et non comme une reproduction parfaite, et c'est, selon moi, cette limite, ce

1. Ce point est bien fixé par David Deutsch dans *L'étoffe de la réalité*, Paris, Cassini, 2003, p. 137.
2. « Spécifier un environnement virtuel veut dire spécifier non pas ce dont l'utilisateur fera l'expérience, mais la manière dont l'environnement répondra à chacune des actions possibles de l'utilisateur », D. Deutsch, *L'étoffe de la réalité*, Cassini, Paris, 2003, p. 136.
3. Giovanni Ventimiglia met en lumière un autre aspect intéressant de la nature non simulatrice du virtuel : "l'immensité tendancielle du négatif", cf. *Ontologia ed etica del virtuale*, dans "Teoria", XXIV, 2004, 1, p. 119-147.

vide et ce manque qui ouvrent les possibilités artistiquement importantes de la virtualisation de l'imaginaire[1].

Une caractéristique évidente du corps virtuel, propre à le spécifier par rapport à la génération des autres types d'images digitales, est sa particulière interactivité : le corps virtuel est un être qui devient phénomène dans l'interaction. L'interaction est par certains aspects une caractéristique que le corps virtuel a en commun avec n'importe quel autre corps, mais il en est par d'autres aspects une condition particulière. Pour comprendre une telle particularité, donc pour se rapprocher d'une ontologie du virtuel, il est nécessaire de réfléchir sur le concept de virtuel et sur la différence entre virtuel et possible. Certes, et dans un sens général, « le virtuel est un état du réel, et non le contraire du réel. Il y a du virtuel dans le réel : les essences, les formes, les causes cachées, les fins qui arriveront [...] Le virtuel est le principe actif, le révélateur de la puissance cachée dans le réel. Il est ce qui opère dans le réel »[2]. Ainsi l'ensemble « virtuel » peut être considéré sans aucun doute comme faisant partie de l'ensemble « réel », tant il est vrai que nous utilisons sans problème l'expression « réalité virtuelle »[3]. Cependant le concept de virtuel peut être mieux défini si on le différencie du concept de « possible » : contrairement au possible, concevable comme un être constitué qui attend d'être réalisé, le virtuel est configuré comme un complexe problématique, nœud de tendances qui impose un processus d'actualisation. De ce point de vue, il est évident que le processus virtuel-actuel ne correspond pas au processus de réalisation du possible, si on conçoit celui-ci comme une simple attribution de matière à une forme

1. C'est dans cette direction que Philippe Quéau entend la "simulation" dans son *Eloge de la simulation*, Champ Vallon-INA, Seyssel, 1986 (*cf.* par exemple p. 238-239).

2. Ph. Quéau, « Les voies virtuelles du savoir », in *Costruzione e appropriazione del sapere nei nuovi scenari tecnologici*, A. Piromallo Gambardella (dir.), Napoli, CUEN, 1998, p. 158.

3. À ce propos Jean-Louis Weissberg a parlé à juste titre de « compact réel/virtuel » ; cf. *Il compatto reale/virtuale*, *in* AAVV, *La scena immateriale. Linguaggi elettronici e mondi virtuali*, A. Ferraro, G. Montagano (dir.), Genova, Costa & Nolan, 1994, p. 46-59.

préexistante, et en ce sens comme une constitution de substance, aussi dynamique soit-elle. Pierre Lévy écrit à ce propos : « le réel, la substance, la chose *subsiste* ou résiste. Le possible recèle des formes non manifestées, encore dormantes : cachées au-dedans, ces déterminations insistent. Le virtuel [...] n'est pas là, son essence est dans la sortie : il existe. Enfin, manifestation d'un événement, l'actuel *arrive*, son opération est l'*occurrence* » [1].

Maintenant, l'opposition avec l'idée (un peu banalisée en vérité) de possible permet tout de même de clarifier la qualité interactive du virtuel : vu que le monde virtuel se déroule dans l'interactivité avec l'utilisateur, virtuel signifie une configuration dynamique de forces qui ont une tendance intrinsèque à s'actualiser dans des formes non totalement préconstruites [2].

Le monde virtuel en question, avec le complexe de ses qualités perceptibles (l'ensemble des couleurs, des sons, des densités tactiles), c'est-à-dire le monde dans lequel j'ai la sensation physique d'être immergé, n'est donc que l'actualisation du contenu d'une mémoire digitale, la mise en scène d'un algorithme élaboré en système binaire [3]. Cela pousse à s'interroger sur le rapport entre *aisthesis* et *noesis*. Nous nous trouvons en fait devant la possibilité d'une réduction de l'*aisthesis* (comme perception sensible) à un ensemble de calculs, sans entendre par là une réduction des qualités

1. Pierre Lévy, *Qu'est-ce que le virtuel ?*, Paris, Éditions de la Découverte, 1995, p. 135.

2. *Cf.* Pierre Lévy, *Qu'est-ce que le virtuel ?*, p. 14. Lévy renvoie au Deleuze de *Différence et répétition*. Michael Heim préfère faire référence à Duns Scot : Scot « soutient que la chose réelle contient déjà ses qualités empiriques multiples en une unité singulière, mais les contient virtuellement ... Scot utilisa le terme virtuel pour dépasser le gouffre entre la réalité formellement unifiée (et définie par nos attentes conceptuelles) et l'expérience de la différence » *The Metaphysics of Virtual Reality*, New York-Oxford, Oxford University Press, 1993, p. 132. Éric Alliez aussi fait référence, de façon suggestive, à Duns Scot, mais en particulier à la notion de *potentia absoluta*, dans le but d'établir la possibilité d'une perception (ou d'une intellection) contemporaine à la "projection" d'un objet qui ne lui pré-existe pas, sinon dans la réduction programmée de l'être à son concept. *Cf.* « *Pour une phénoménologie réelle des images virtuelles* », *Chimères*, hiver 1996, p. 132.

3. *Cf.* P. Lévy, *Cyberculture*, Paris, Odile Jacob, 1997, p. 84.

secondaires à des qualités primaires, ni même la réduction possible du monde à des numéros[1], mais plutôt une solidarité originaire et réversible entre *aisthesis* et *noesis*, qui s'exprime dans un arc opératoire à une extrémité duquel se trouve une description digitale en mémoire informatique, et de l'autre un corps doté de prothèses technologiques, d'extensions non organiques des sens : le corps de l'utilisateur d'un monde virtuel est une structure complexe, un sujet-objet résultat d'un projet technologique ; c'est un corps quasi-cyborg[2], semblable à celui pensé et expérimenté par certains artistes[3], un corps qui se traduit en entité fantasmatique éminemment active[4].

1. Sur le rapport numéro-œuvre virtuelle, *cf.* ce qu'écrit Philippe Queau : « Quelle est la substance de l'œuvre virtuelle ? Le modèle et l'image, l'intelligible et le sensible, contribuent pour leur part à l'essence de l'œuvre, à son idée fondamentale. Mais ce sont les nombres qui unissent substantiellement la représentation intelligible (le modèle) et la représentation sensible (les images). Ce sont donc eux qui forment la "substance" de l'œuvre virtuelle. Mais, attention, cette appellation de "substance" est alors seulement métaphorique. Cependant, en tant que ce sont ces nombres qui permettent l'unité de l'œuvre, cette métaphore prend une valeur analogique. Autrement dit, c'est par abus de langage que l'on présente l'œuvre virtuelle comme constituée de nombres, comme substantiellement numérique. Mais cette métaphore abusive n'est pas sans valeur. Elle évoque les rapports entre la multiplicité des manifestations potentielles ou virtuelles de l'œuvre et l'unité formelle qui fait qu'elle est *une* œuvre. » *Le virtuel. Vertus et vertige*, Seyssel, Champ Vallon/INA, 1993, p. 136.
2. Pour une vue synthétique des approches théoriques principales du cyborg, *cf.* R. Marchesini, *Post-human. Verso nuovi modelli di esistenza*, Torino, Bollati Boringhieri, 2002, p. 227-238.
3. Le cas le plus connu est celui de Stelarc, dont le corps hyper « prothésé » est désormais gérable aussi par les utilisateurs du web.
4. « Le cybercorps n'est pas un sujet, mais un objet... Le cybercorps devient un système étendu – non simplement pour soutenir un soi, mais pour améliorer les opérations et lancer des systèmes intelligents alternatifs. Insérés dans la technologie de la réalité virtuelle les corps physiques sont traduits à l'intérieur d'entités fantasmatiques capables de représenter... La nature des deux, corps et images, a été significativement altérée. Les images ne sont plus illusoires : quand elles deviennent interactives, elles sont agents opérationnels et effectifs implémentés dans les systèmes software et de transmission », Stelarc, *From Psycho-Body to Cyber-Systems : Images as Post-human Entities in Virtual futures. Cyberotics, Technology and Post-human pragmatism*, J. Bradhurst Dixon, E. J. Cassidy (éd.), London-New York, Routledge, 1998, p. 121-122.

Un débat vivace est en cours à ce sujet entre les théoriciens du virtuel[1], parce qu'un monde virtuel peut être connu, en un certain sens, seulement par un regard éminemment corporel[2], mais en même temps, comme on l'a dit, par une mathématisation de l'espace, sous la forme d'images qui sont l'actualisation d'algorithmes. Il s'agit d'une situation paradoxale : la même identité, le même soi de l'utilisateur, est à la fois désincorporé et hypersensibilisé : pour rencontrer un corps « subtil » il est nécessaire de se doter d'un corps « pesant », c'est-à-dire qu'il faut accentuer technologiquement les capacités du corps organique. Mais en ceci il semble que la transparence du medium s'opacifie :

> Dans beaucoup de programmes de réalité virtuelle, l'utilisateur expérimente la réalité virtuelle à travers un regard désincarné [*a disembodied gaze*] – une « perspective » fluctuante et en mouvement – qui mime le mouvement de l'œil désincarné de la caméra [*a disembodied camera « eye »*]. C'est là un aspect familier de ce que nous pouvons appeler la phénoménologie filmique, dans laquelle la caméra simule le mouvement d'un type de perspective qui inclut rarement une inspection visuelle autoréférentielle du corps comme véhicule de la perspective même[3].

1. On peut en trouver une reconstruction dans J. D. Bolter, R. Grusin, *Remediation. Understanding New Media*, Cambridge (Mass.), MIT Press, 2000, p. 236-254. Le texte, à ma connaissance, le plus récent et le plus intéressant sur l'argument est celui de Mark B.N. Hansen, *New Philosophy for New Media*, Cambridge (Mass.)-London, The MIT Press, 2004 qui contient aussi, à partir de la question de la corporéité de l'utilisateur, d'intéressantes analyses d'œuvres d'art, surtout de Jeffrey Shaw. Sur la question de la technologisation du corps, sur laquelle je reviendrai plus avant, on trouve des textes intéressants dans AAVV, *Il corpo tecnologico*, P. L. Capucci (dir.), Bologna, Baskerville, 1994.

2. Par conséquent, l'étude du corps et de la sensibilité au niveau physiologique est essentielle pour la construction de mondes virtuels; c'est ce que l'on peut retirer par exemple d'un classique de la littérature sur la réalité virtuelle comme *Silicon Mirage* de Aukstakalnis et Blatner. Sur les techniques, *cf.* G.C. Burdea, *Force and Touch Feedback for Virtual reality*, New York, Wiley & Sons, 1996.

3. A. Balsamo, *Technologies of the Gendered Body : Reading Cyborg Women*, Durham, N.C., Duke University Press, 1996, p. 124-125.

Mais en un sens, cette pesanteur de la désincarnation permet justement de ne pas réduire la perspective de la vision virtuelle à une cinématographie suggestive dirigée depuis soi, et aussi de ne pas réduire encore une fois la capacité d'immersion à la simulation : la relation corps humain-corps virtuel n'opère pas une répression de la corporéité donnant lieu à un esprit-regard désincarné capable d'expérimenter des produits mentaux qui apparaissent sensibles seulement au moyen de prothèses technologiques; au contraire les environnements virtuels, avec leurs corps «pesants» qui entrent en relation avec des corps «subtils», ont tendance à exalter la différence, et la conscience de la différence, par rapport aux relations usuelles corps-environnement. Pour cette raison l'utilisateur est conscient de percevoir un espace imaginaire, il n'a pas la sensation d'expérimenter une réalité dématérialisée, mais plutôt une réalité ressentie comme «autre», différente, et dans une certaine mesure semblable à un produit de l'imagination. La possibilité de manipuler sa propre perspective en en faisant un lieu d'expérience se conjugue à la possibilité d'apprendre par immersion[1], jusqu'à permettre, là aussi à différents degrés, l'appropriation de points de vue propres à d'autres utilisateurs, la déstabilisation des capacités du corps, et leur redéfinition à travers les relations entre prothèses technologiques et corps virtuels. S'aperçoit ainsi[2] la possibilité de conceptualiser une incarnation du soi changeante, sensible à l'évolution de la technologie et des langages de programmation – de repenser la figure du soi comme marquage de ses déplacements, de son intégrité comme

1. « Le soi virtuel n'apprend pas grâce à des études scientifiques accomplies à l'intérieur de la relation sujet-objet, mais il apprend par "immersion", processus qui à son tour produit empathie et identification. La technique de l'immersion visuelle distingue la réalité virtuelle de ce médium traditionnel, transparent et linéaire qu'est la peinture en perspective », Bolter et Grusin, *Remediation*, p. 251. Ceci ne signifie évidemment pas que l'on perde la différence entre le virtuel et le réel.

2. La possibilité de s'approprier un autre point de vue que le sien ne me semble pas contradictoire.

médium de ses transformations, de ses éventuelles limites dans les passages d'actions qui constituent l'espace virtuel[1].

La nature ontologique du virtuel s'approfondit ensuite si l'on se rappelle avec Philippe Quéau que les techniques de représentation virtuelle sont essentiellement numériques. A la différence des techniques fondamentalement analogiques, les images numériques « ne participent pas directement au réel »[2], elles y participent indirectement à travers le processus de digitalisation, qui est rendu possible circulairement par ces mêmes techniques. C'est pourquoi les corps virtuels ne doivent pas, à proprement parler, être entendus comme des représentations de la réalité, mais comme des réalités construites d'une manière essentiellement différente de celles constituées par la participation circulaire du corps vivant avec le monde, qui grâce à la perception-vision traverse le corps et devient geste, mouvement du corps, éventuellement médié par des instruments de reproduction analogique, et donc des images. Les corps virtuels sont plutôt « des fenêtres artificielles » qui donnent accès à un « monde intermédiaire »[3]. Maintenant, en quel sens un « corps » est-il fenêtre, c'est-à-dire lieu de passage intérieur-extérieur ? Sans doute la métaphore de la fenêtre peut-elle fonctionner, si elle est entendue d'une manière non banale : il ne s'agit pas de passer à travers la fenêtre, puisque le monde virtuel n'est pas (n'est pas seulement, et n'est pas essentiellement) une reproduction simulée du réel ; le corps virtuel est plutôt un environnement-fenêtre, un lieu *sui generis* dans lequel le rapport intérieur-extérieur change selon différents paramètres et acquiert donc une puissance importante. Je reviendrai bientôt sur la question du point de vue ontologique, pour le moment nous nous inspirons d'une célèbre affirmation de

1. Il serait intéressant d'approfondir, à ce propos, les référence de Bolter et Grusin au concept de soi chez William James (cf. *Remediation*, p. 233-234).

2. Philippe Quéau, *Le virtuel. Vertus et vertige*, p. 19.

3. *Ibid*, p. 18. Je ne suis pas cependant la théorie des êtres intermédiaires de P. Quéau et j'élabore la question à ma façon.

Kandinsky : « tout phénomène peut être vécu de deux façons. Ces deux façons ne sont pas arbitrairement liées aux phénomènes – elles découlent de la nature des phénomènes, de deux de leurs propriétés : Extérieur-Intérieur » [1].

Cela vaut, comme nous le savons, avant tout pour notre propre corps, mais cela vaut aussi pour ce qui nous apparaît, relativement à la façon dont cela apparaît : un phénomène peut être vécu en quelque sorte à distance, il peut être perçu comme un autre, il peut être un monde, mais le même phénomène peut aussi faire partie de notre vie, il peut avoir des répercussions sur celle-ci, s'accomplir comme son *pathos* et manifester ainsi, dans la visibilité, son invisibilité [2]. Tout ceci correspond à des expériences communes, aussi bien sélectives que quotidiennes : quelque chose que nous percevons se grave dans la mémoire et dans l'affectivité, contribue à constituer cette intériorité primaire et indémontrable, et éventuellement retourne à la lumière commune à travers des pratiques de divers types ; à la différence de la masse des phénomènes perçus, au moins consciemment. Kandinsky ne soutenait pas seulement que le phénomène pouvait être vécu de deux manières différentes, intérieure et extérieure, mais que cela peut arriver parce qu'intérieur et extérieur sont des propriétés *du* phénomène, du même *phénomène* : puisqu'il appartient à sa nature d'être à la fois extérieur et intérieur, le phénomène peut être vécu comme monde ou comme *pathos*. Maintenant, je ne sais si cette position est soutenable concernant ce que nous considérons comme « réalité » en général, mais cela fonctionne bien pour les corps virtuels : dans un corps-environnement virtuel, dans lequel l'espace lui-même est le résultat d'une interaction, le monde n'advient pas sur le mode de la prise de distance, mais de l'immersion ; et le corps, en tant que perçu comme autre, assume le sens de sa réalité,

1. Vassily Kandinsky, *Point. Ligne. Plan*, Paris, Denoël, 1991, p. 15.

2. Synthétiquement c'est l'analyse qu'en fait Michel Henry dans *Voir l'invisible, Sur Kandinsky*, Paris, François Bourin, 1988, p. 14-25.

de son effectivité, comme incision pathique et imaginaire, comme production d'émotion et de désir, au point que la sensation de réalité transmise par le monde virtuel dépend en grande partie de l'efficacité avec laquelle il provoque des émotions chez l'utilisateur[1]. De ce point de vue « la réalité virtuelle peut produire une expérience capable de s'authentifier par elle-même »[2], mais juste-ment en tant que réalité, c'est-à-dire comme altérité par rapport à l'utilisateur, comme monde dans lequel il peut agir, comme corps qu'il peut manipuler. Le corps-environnement virtuel est ainsi un intermédiaire non seulement entre modèle informatique et image sensible, mais surtout entre intérieur et extérieur, lieu étrange dans lequel la frontière devient un territoire, dont nous allons rapidement évaluer la structure ontologique.

Comme on sait, une des questions les plus débattues dans l'ontologie contemporaine est la distinction entre chose et événement, et corrélativement la distinction entre concret et abstrait[3]. Or dans un monde virtuel, ce qui est perçu comme une chose par l'utilisateur est en réalité un événement, l'actualisation provisoire d'un virtuel, existant seulement dans son actualité, comme fonction de relation interactive. D'où la nécessité de considérer de façon articulée le concept de relation et les notions de chose et d'événement comme nœuds relationnels, sans impliquer du reste aucune dérive, puisque le virtuel possède quand même une actualité propre même au-delà de

1. A ce propos on peut penser aux expériences d'acrophobie virtuelle menées au Georgia Institute of Technology : les malades d'acrophobie utilisateurs de ces mondes virtuels, mondes qui ne sont pas des simulations particulièrement persuasives du point de vue perceptif, ont les mêmes symptômes dont ils pâtiraient en milieux réels. Le monde virtuel permet aux patients d'éprouver et donc de contrôler leurs réactions en l'absence de tout danger.

2. Bolter et Grusin, *Remediation*, p. 165.

3. On peut en trouver une reconstitution dans A.C. Varzi, *Parole, oggetti, eventi*, Roma, Carocci, 2001, p. 39-62.

l'interaction (il est réel, justement en tant que virtuel). Il s'agit donc d'articuler, au moins sommairement, la question du rapport objet-événement, pour signaler un trait ontologique typique du corps virtuel tel qu'on vient de le définir. Ce rapport a été pensé tout au plus (si nous décidons, pour simplifier, de négliger les positions dialectiques et néo-idéalistes) comme une relation entre deux termes : l'événement est un objet (ou plusieurs objets) qui change. Souvent une ontologie qui admet les événements les pense comme changements d'un objet, chose ou substance dotée d'une certaine permanence ; elle conceptualise donc l'événement comme relatif à un tel devenir, même quand on ne peut pas clairement identifier quel est l'objet qui devient. Il s'agit en somme d'une conséquence de l'ontologie aristotélicienne, qui conçoit la substance, avec son dynamisme intrinsèque, comme catégorie fondamentale. C'est à partir de cette prémisse que se pose la question de la symétrie entre événement et objet, et la question de l'éventuelle dépendance conceptuelle de la catégorie d'événement avec celle d'objet, même quand on considère que les deux catégories ne sont pas concevables séparément. Or le corps virtuel, bien que n'étant pas réductible à une représentation, n'existe comme corps que dans l'interactivité, il *est* une interaction, un objet-événement : une action (relation d'interactivité) qui est un corps (corps virtuel) puisqu'il possède les caractéristiques que nous avons l'habitude d'attribuer aux corps. Le corps virtuel demeure dans le temps, il change de position, de dimension, de forme, de couleur, mais à certaines conditions qui ont trait à sa nature interactive, pour qui les corps virtuels sont (comme peut-être les corps *simpliciter*) des événements (relativement) monotones, mais toujours sous certaines conditions. Réfléchir sur de telles conditions amène, dans le domaine qui nous intéresse, à transformer les questions du type : « existe-t-il des choses comme les changements ? » en questions du type : « quelles sont les conditions de possibilité des changements qui sont en même temps des choses? » et donc cela invite à analyser la typicité du corps virtuel (suspendant pour le moment la question de la différence ontologique entre corps virtuels et corps soi-disant réels). Dans le cas du corps virtuel l'événement est un particulier irrépétable, un *individu* (c'est-à-dire un système intégré) *concret mais subtil*, constitué de l'interaction d'un corps humain (donc d'un complexe esprit-corps) doté de prothèses technologiques, et d'un élaborateur électronique avec son algorithme (traduit à son tour en langage de programmation). Or un tel individu concret mais subtil occupe-t-il exclusivement un lieu ? Et si oui, quel lieu ? Certaines parties de mes prothèses technologiques, certaines superficies sensibles de mon corps, une certaine partie de mon cerveau, une mémoire informatique ? C'est bien un corps qui admet d'autres corps dans son lieu, qui admet par exemple d'être traversé par mon corps ; et si un monde virtuel est un corps virtuel qualifiable comme ensemble structuré navigable de corps virtuels, alors un corps virtuel peut contenir des corps virtuels dans son corps : des corps qui sont dans des corps, interpénétrants, comme des ombres, des rayons, des anges, des fantômes…[1]. Or un corps virtuel occupe, en supposant que ces mots aient un sens intuitif, une certaine portion de l'espace-temps, mais d'une façon non exclusive, puisque le corps virtuel se déroule dans l'espace-temps d'un corps non virtuel ; en outre il multiplie sa forme temporelle : quel est son temps ? Bien sûr il se déroule dans le moment de l'interaction, mais parmi ses conditions de possibilité, ou plutôt dans son être corps réel, il y a l'être précédemment écrit ou gravé sur un support matériel, une mémoire.

Donc un corps virtuel est et n'est pas lui-même dans le lieu et dans le temps, s'il est vrai que le fait de devenir un événement dépend de l'interaction avec le bénéficiaire. Maintenant, peut-on soutenir que

1. Mais les ombres et les rayons de lumière ne sont pas aussi pénétrants que les anges et les fantômes, on peut les voiler.

la réalité soit interactive de la même manière ? David Deutsch écrit à ce propos :

> Il est moins évident que notre expérience « directe » du monde par le biais de nos sens relève aussi de la réalité virtuelle. Car une expérience externe n'es jamais ; nous n'avons pas d'expérience directe des signaux qui circulent le long de nos nerfs (d'ailleurs nous ne saurions pas quoi en faire). Les seules choses dont nous ayons l'expérience directe ce sont les rendus en réalité virtuelle, opportunément engendrés pour nous par la partie inconsciente de notre cerveau et fabriqués à partir de certaines données sensorielles auxquelles il faut ajouter des théories (c'est-à-dire de programmes) complexes, à la fois innées et acquises, portant sur la manière d'interpréter ces données [1].

Ce qu'affirme Deutsch n'est rien d'autre qu'une forme de transcendentalisation de l'empirique : ce que nous sommes psychophysiquement conditionne notre expérience « directe » de la réalité, c'est-à-dire la constitution d'un monde sensé. Affronter cette question impliquerait, évidemment, une théorie de la connaissance et une ontologie. Ici il est intéressant seulement de souligner que le corps virtuel *semble* posséder au moins une qualité différente par rapport aux corps que nous avons l'habitude d'appeler (aussi bien au niveau du sens commun que dans le langage des théories) réels. Je dirai que la réalité n'est pas interactive de la même manière que la réalité virtuelle, et que les corps « réels » ne sont pas des événements au même titre que les corps virtuels, puisque le corps virtuel échappe plus clairement à la dichotomie extérieur-intérieur que les corps soi-disant réels. Etant donnée sa nature discrète et interactive, le corps virtuel coïncide avec son histoire, c'est un processus, mais il n'est pas seulement la somme de phases numériquement différentes puisque la trame du corps dépend de l'interaction, il se déroule comme une action sensée pour un sujet et par cette interaction il acquiert une

1. D. Deutsch, *L'étoffe de la réalité*, p. 144.

identité. Il s'agit cependant d'une identité relative, et donc fluctuante car dépendante. Certainement n'importe quel corps en tant que perçu par mon corps se trouve en situation d'interaction : il semble cependant qu'en tant qu'objet et en tant qu'extérieur il possède la propriété particulière de ne pas pouvoir être corrigé ; je ne puis obtenir, *dans un simple acte de volition*, qu'un objet ne soit pas comme ceci ou comme cela, ne soit pas ce qu'il est[1] : le monde extérieur serait ainsi le monde des incorrigibles, auquel peuvent appartenir des objets perceptifs (ceux qui nous intéressent), mais aussi des objets non perceptifs. D'un point de vue théorique la situation est différente pour le corps virtuel. Même en supposant qu'il soit possible de séparer une « simple volition »[2] d'un mouvement ou d'une perception, considérant que les corps virtuels pourront être, au moyen de prothèses sophistiquées, connectés directement aux sièges des impulsions nerveuses, rien n'interdit qu'un simple acte de volition puisse corriger un corps virtuel. Ceci dit, il s'agit plutôt de se demander si un tel acte est possible dans sa spécificité seulement à l'intérieur des conditions, non infinies, prévues par la matrice, ou bien s'il est possible d'implémenter des algorithmes qui permettent une rétroaction sur la matrice, c'est-à-dire un type d'interactivité très forte, et si oui, en quel sens : un programme qui apprenne, se modifie et se développe en rapport avec l'utilisateur. Vue la nature interactive du virtuel je ne vois pas d'impossibilité théorique à cela, ni pour que se produise une forme de communication intersubjective médiatisée par la mémoire informatique, qui deviendrait à partir d'une base programmée, mémoire d'expériences. Négligeant ce

1. « Le caractère propre des objets, par rapport aux idées et aux imaginations, est de ne pas pouvoir être corrigés dans un simple acte de volition, et donc d'appartenir au monde extérieur… Cette caractéristique concerne avant tout les objets perceptifs (je ne peux pas transformer la pomme qui est devant moi en poire) » M. Ferraris, « *Problemi di ontologia applicata : la proprietà delle idee* », in *Significato e ontologia*, C. Bianchi, A. Bottani (dir.), Milano, Franco Angeli, 2003, p. 107.

2. Et évidemment que l'on sache identifier et signifier une « simple volition ».

possible développement du problème, reste que le fait de ne pas être corrigible est une caractéristique nécessaire des objets qui appartiennent au monde extérieur, si bien que le corps virtuel n'appartient pas au monde extérieur. Par ailleurs, le corps virtuel n'appartient pas au monde intérieur : l'objet-événement qu'il est, n'est pas un de mes rêves[1] ou une de mes imaginations, mais un monde navigable par moi et par d'autres utilisateurs, produit d'une technologie, et dont je conserve la conscience de la différence par rapport à ce que j'ai l'habitude d'appeler la « réalité » (pour laquelle, comme on a vu, une simulation parfaite n'est pas possible). Je dirai en somme que le corps virtuel n'est ni extérieur ni intérieur, qu'il est si on veut *extérieur-intérieur*, en considérant que la synthèse n'est pas une somme, mais autre chose, témoignant de la nouveauté ontologique du corps virtuel.

Le corps virtuel, dans son apparence, c'est-à-dire en tant que virtuel, est son histoire, l'histoire de son devenir phénomène en une série de relations telles qu'elles constituent un environnement virtuel qui comprend un corps humain doté de certaines prothèses. Ceci pousse à le considérer comme un objet-événement, qui à son tour peut être interprété, au niveau ontologique et avec les conséquences corrélatives, comme un événement étrange et relativement monotone qui admet d'autres corps dans son espace-temps, ou comme un objet-événement qui se prolongerait dans le temps selon une conception à quatre dimensions, ou comme (de manière partiellement spinoziste, si l'on suppose que le temps est un être de raison et que les relations entre les objets-événements – non entre objets et événements – sont

1. Nous pourrions à ce propos nous demander si les rêves sont des corps, et donc s'ils sont intérieurs ou extérieurs ; nous savons en fait que le rêve n'est pas corrigible par une simple volition, donc s'il est un corps, il devrait être « extérieur » ; et s'il n'est pas un corps il resterait à clarifier ce qu'est un corps, en considérant qu'un rêve semble être un monde non distinguable perceptivement, physiologiquement et physiquement d'un monde constitué de corps. Je traiterai bientôt des rêves.

une forme de causalité immanente)[1] une succession d'êtres-instants[2]. Cette dernière position apparaît intéressante dans la mesure où pour elle la permanence de l'objet dans le dynamisme est une illusion cognitive, et ceci amène à supposer que les corps virtuels pourraient être conçus, non seulement comme discrets dans l'espace, mais aussi comme discrets dans le temps, c'est-à-dire comme des segments temporels numériquement différents, dont l'identité diachronique serait potentiellement discontinue.

1. *Cf.* R. Diodato, *Sub specie aeternitatis. Luoghi dell'ontologia spinoziana*, Milano, Cusl, 1990, p. 158-174.

2. Une ontologie de ce type a cependant besoin de se donner un concept rigoureux d'instant pour le rendre indépendant de ceux de temps et durée, ce qui implique une philosophie de la physique du temps autant qu'une métaphysique du temps. On reviendra sur ce dernier point.

chapitre 2

mon corps dans le monde virtuel

la « présence » en question

La réflexion sur le concept de «présence» dans les environnements virtuels se développe désormais depuis plusieurs années[1], et reçoit des apports de la part de chercheurs de différents disciplines[2], dans le but de permettre la construction d'environnements capables de simuler de la meilleure manière possible le sens complexe de la présence qui constitue notre foi perceptive.

L'objectif de ces recherches est une définition de la «présence» qui fonctionne avec celle d'efficacité : le sens-sentiment, pour ainsi dire, de présence en milieu virtuel est d'autant plus intéressant qu'il est davantage capable de rivaliser avec le même «sentir» en milieu non

1. Pour s'en rendre compte il suffit de parcourir les index de la revue de la MIT *Presence : Teleoperators and Virtual Environments.* Pour un résumé mis à jour, synthétique et extrêmement efficace des différentes positions, *cf.* A. Carassa, F. Morganti, M. Tirassa, « *Movement, action, and situation : Presence in virtual environments* », in *Proceedings of the 7th Annual International Workshop on Presence* (Valencia, Spain, Presence 2004, 13-15 October 2004), M. Alcañiz Raya, B. Reyz Solaz (éd.), Editorial Universidad Politécnica de Valencia 2004, p. 7-12.

2. Ce qui peut produire une certaine confusion : « Le travail accompli jusqu'à présent est fragmentaire et asystématique, en partie parce que les chercheurs intéressés par la question de la présence viennent de différents champs disciplinaires (qui incluent les sciences de la communication, la psychologie, les sciences cognitives, les sciences informatiques, l'ingénierie, la philosophie et le milieu des arts » M. Lombard, Th. Ditton, « *At the Heart of It All : The Concept of Presence* », *Journal of computer-mediated communication*, 1997, 2, p. 5. Ce long essai propose une bibliographie très large (http://www.ascusc.org/ jcmc/vol3/issue2/lombard.html).

virtuel, ou, comme on dit superficiellement, en milieu réel. C'est donc le degré d'illusion induit par le dispositif qui compte, et la recherche est justement tournée vers la reproduction, la fiction de réalité, etc. ; c'est évidemment un tel but qui guide la recherche. C'est un désir qui se perd à l'infini, comme le savent bien les réalisateurs d'environnements virtuels, et qui donc doit être limité à l'analyse du degré d'attention de l'utilisateur : plus l'environnement virtuel fait perdre provisoirement le contact avec la réalité, plus il est envahissant, plus il est efficace. On interprète donc la situation dans laquelle l'utilisateur se trouve avec son double environnement, virtuel et réel, sachant qu'il est constamment en mesure de focaliser l'attention sur l'un ou sur l'autre; il s'agit alors d'encourager l'immersion dans le virtuel surtout au moyen de stimuli opportuns aptes à lier ou à entraver l'attention; on a à ce propos suggéré de considérer la présence en milieux virtuels comme une illusion de non médiation (*perceptual illusion of non mediation*)[1], et corrélativement de comprendre la non-médiation comme un révélateur du degré de présence. Mais il est évident que la qualité de présence, comprise comme indicateur de la qualité de l'immersion et de l'interactivité, implique les possibilités d'action dans l'environnement, les attentes et l'adaptation, la compréhension et les attitudes dispositionnelles, ce qui dessine un cadre d'une densité théorique remarquable : « l'expérience de présence est une perception complexe, multi-dimensionnelle, formée à l'intersection de données (multi)sensorielles brutes et de divers processus cognitifs – une expérience dans laquelle les facteurs d'attention jouent un rôle crucial »[2].

Il s'agit donc d'entrer dans la qualité spéculative de cet enchevêtrement, d'une épaisseur conceptuelle qui va de la perception

1. *Ibid.*, p. 15-17.

2. W. Ijsselstein, G. Riva, « *Being There : the Experience of Presence in Mediated Environments* », in *Being There : Concepts, Effects and Measurement of User Presence in Synthetic Environments*, G. Riva, F. Davide, W.A. Ijsselsteijn (dir.), Amsterdam, Ios Press, 2003, p. 5.

à la culture, sur fond d'irréductible complexité, pour en évaluer les conséquences théoriques éventuelles.

L'illusion de la non-médiation peut être un point de départ puisque fondamentalement elle exige la position de présence comme une perception immédiate : le sentiment ou la sensation subjective d'être présent dans un environnement se révèle ainsi caractérisé par la qualité de la perception. Il s'agit alors d'analyser la perception en environnement virtuel, dans la mesure où un tel environnement se différencie, ou se propose de se différencier, d'un environnement médié ; donc d'analyser les qualités perceptives qui se superposent à la perception de l'environnement grâce à des médiations comme le cinéma, la télévision, la photographie, et ce sans les interactions qui servent de médiateur à la lecture de textes ou à la navigation hypertextuelle. Donc, par certains aspects, la question se simplifie, et la recherche peut se diriger directement sur la perception :

> une fois isolée des autres phénomènes analogues sur la base des différences respectives, la question de la présence relative aux environnements virtuels perceptifs et interactifs se décline dans les termes d'une analyse de la condition des perceptions dans ces environnements spéciaux. Remarquons le renversement de perspective par rapport aux analyses réalisées sur les sensations du sujet par rapport à sa localisation : le point crucial pour la définition n'est plus le « où suis-je ? », mais plutôt le « que veut dire percevoir un objet virtuel ? » [1].

De cette façon nous situons la question dans le cadre de la simulation et nous supposons que le devoir des constructeurs d'environnements virtuels est celui de l'adéquation perceptive par laquelle un environnement virtuel rejoint son objectif, s'il réussit à tromper l'utilisateur sur la qualité de «virtuel». Maintenant, le fait que l'utilisateur ne

1. E. Pasquinelli, « Oggetti e presenza in realtà virtuale », in *Sistemi intelligenti*, *XV*, 2003, 3, p. 479.

distingue pas, au niveau de l'interaction perceptive, le corps virtuel du corps « réel » n'implique sûrement pas en soi-même le fait

> que les objets virtuels doivent être des copies fidèles des objets réels. L'accent est mis de manière significative sur l'interaction : ce sont les conditions motrices et perceptives qui doivent être analogues et non les propriétés des objets représentés, de façon à ce que puissent même être crées des mondes très différents du monde réel, à condition que ceux-ci maintiennent des conditions adéquates d'interaction[1].

Ainsi dépassé le problème de la *mimesis* comme copie fidèle au moyen d'analogies perceptives, notre thème devient celui de l'objectivité comme crédibilité : qu'est-ce qui rend un environnement crédible comme environnement objectif? Plus généralement, « qu'est-ce qui fait qu'un quelque chose (objet, événement, monde) est perçu comme objectif ? »[2]. La question est importante si on réussit à ne pas dissoudre le complexe perception-objectivité, puisqu'il permet un élargissement de l'espace sémantique de la question de la *présence*. La réponse, en fait, ne pourra pas considérer seulement les qualités sensibles de l'environnement, ou plus simplement le témoignage des sens comme critère de crédibilité, et en particulier comme critère de justification de la foi perceptive ; elle dépassera donc les conditions physiques de l'environnement comme conditions suffisantes pour justifier la croyance dans l'objectivité, afin d'impliquer des facteurs tels que le succès de l'interaction dans des contextes sociaux de reconnaissance[3], et donc les composantes symboliques et culturelles liées à la communication et à la coopération[4]. En suivant la même

1. E. Pasquinelli, « Oggetti e presenza in realtà virtuale », p. 480.
2. *Ibid.*
3. *Cf.* P. Zahoric, R.L. Jenison, « Presence as Being-in-the-world », *Presence : Teleoperators and Virtual Environments*, 7, 1998, p. 78-89.
4. *Cf.* G. Mantovani, G. Riva, « "Real" Presence : How Different Ontologies Generate Different Criteria for Presence, Telepresence and Virtual Presence », *Presence : Teleoperators and Virtual Environments*, 8, 5, 1999, p. 540-550.

stratégie et en revenant à la question de la perception à partir des résultats signalés, on pourra alors introduire en guise de complément les *affordances* de la théorie écologique de la perception visuelle, obtenant la qualification globale de l'environnement comme lieu d'une expérience complexe, subjectivo-objective [1], au moins relativement cohérente avec les attentes (qui, dans une certaine mesure, ne sont pas toujours exclusivement privées, mais aussi dépendantes de «l'histoire» personnelle) et les projets du bénéficiaire [2], et adaptée aux exceptions qui en confirment la régularité.

Les résultats de cette formulation sont à présent conformes aux fins pratico-techniques de la construction d'environnements virtuels; ils présupposent cependant l'homogénéité des structures ontologiques, c'est-à-dire qu'ils considèrent le virtuel comme un être possible, donc en relation de ressemblance essentielle et de différence existentielle par rapport à ce qui vient d'être appelé réel. De cette façon, aucun champ sémantique (réel, actuel, possible, potentiel, virtuel...) n'est problématisé, ni les relations entre les champs ne sont montrées, ce qui rend le discours moins intéressant du point de vue spéculatif. Le problème de la perception en environnement

1. A. Carassa, F. Morganti, M. Tirassa, dans *Movement, action, and situation: Presence in virtual environments*, montrent très bien la complexité dont doit tenir compte l'évaluation de la "présence" en environnement virtuel, vue la non réductibilité des niveaux d'interaction (situation, action, perception): «La dichotomie classique entre le monde externe, objectivement donné, et le monde interne qui le reflète fidèlement (puisque toute discordance en serait une non représentation), n'est pas en mesure de capturer la nature interactive de l'action humaine. La signification de n'importe quelle entité se trouve dans les *affordances* qui sont offertes à l'agent, et de telles *affordances* ne sont pas la propriété des objets du monde, mais plutôt la propriété de l'interaction entre l'agent et les objets» (p. 10).

2. Fort à propos, les auteurs soulignent la fonction et le poids de la mémoire: «Les *affordances* dépendent des activités auxquelles l'agent participe sur le moment. Ces activités résultent de l'histoire précédente de l'agent, histoire qui va constituer aussi bien la mémoire que les processus de reconnaissance et de re-conceptualisation qui la rendent immédiatement utile dans l'action courante» (*ibid.*). Nous reviendrons sur la question de la mémoire.

virtuel pourrait alors être reformulé ainsi : que peut enseigner aux théorics de la perception une théorie de la « perception en environnement virtuel », étant donnée la spécificité d'un tel environnement ? Il est évident que le discours procède de manière circulaire, puisque c'est toujours à partir de théories élaborées dans le champ soi-disant « réel » que nous développons la différence, mais il s'agit d'un processus typiquement philosophique, qui d'autre part ne peut avoir un sens que s'il réussit à montrer que le virtuel est un être existant qui a (est) une structure ontologique propre. C'est pourquoi il s'agit de distinguer, en posant des questions élémentaires : quels sont les éléments qui rendent possible la perception de l'environnement virtuel ? Comment constitue-t-on la différence et la relation sujet-objet en milieu virtuel ? Que veut dire, somme toute, de *percevoir* un « objet virtuel » ? La réponse à ces questions simples peut émerger d'une ontologie du virtuel qui comprend nécessairement la discussion du concept de virtuel. Remarquons que ceci évite de considérer comme évident que la notion d'objectivité ait la même signification pour les êtres soi-disant réels et pour les êtres virtuels. Si par exemple, on estime qu'un être ou un événement « externe » est objectif, c'est-à-dire indépendant de l'expérience (perceptive) qu'un sujet peut en faire, alors l'« objet » virtuel n'est pas objectif, même si l'on peut dire qu'un tel objet existe au-delà de l'expérience, ou qu'il n'existe pas seulement grâce à l'expérience. Quel sera alors le degré de possibilité de ré-identifier un tel objet ? Il sera partiel, et appartiendra surtout à la partie qui n'est pas identifiable par les coordonnées spatiales : non à la récurrence et à la constance de la forme dans une localité différente, mais à la partition de l'objet, c'est-à-dire à l'écriture informatique. Si au contraire, nous pensons pouvoir distinguer entre les perceptions ou plus exactement entre les représentations qui témoignent d'états « externes » et stables, et les représentations qui témoignent d'états « internes » en ajustement continu à travers des mécanismes de rétroaction, alors précisément l'expérience du corps virtuel dément la possibilité d'une telle distinction. En réalité, la diversité multisensorielle des inputs du corps virtuel est cohérente et unitaire grâce à la constance du lien entre propriété et lieu, puisqu'il ne peut pas ne pas respecter le principe de non contradiction (pour lequel un seul élément par classe de propriétés perceptives appartient dans le temps t à l'objet localisé en l – notons qu'on doit présupposer l'hypothèse, entièrement à démontrer, qu'il existe un temps-instant définissable) ; d'autre part, et simultanément, le corps virtuel par son interactivité dissout la différence entre stimulus distal et stimulus proximal, puisque le corps virtuel est, pour ainsi dire, ontologiquement proche et perceptivement distant. Dans un premier temps on prendra en considération la possibilité que certaines analyses ne fonctionnent pas pour les objets virtuels, à cause de leur différence ontologique. Il devient clair alors que la réponse à la question de la *présence* exige une clarification et un approfondissement de la notion de corps-environnement virtuel de façon à pouvoir en montrer de manière circulaire la particularité dans une théorie de la perception. Nous arriverons à ce point, je l'espère, mais il nous faudra un peu de temps.

À présent quand nous parlons de présence, nous pouvons tenir pour acquise une évidence bien exprimée par la phénoménologie husserlienne : il n'y a pas de données pures, non contaminées; chaque donnée est le résultat d'un ensemble d'opérations intentionnelles, « toutes les unités intentionnelles proviennent d'une genèse intentionnelle, elles sont des unités "constituées" »[1] qui sont en relation avec notre passé, avec l'histoire de notre vie perceptive, avec l'acquis de l'expérience. La description phénoménologique (l'aspect « statique » de la phénoménologie) a ensuite enseigné à tenir compte, dans la recherche des structures de sens de la *présence*,

1. E. Husserl, *Logique formelle et transcendantale*, trad. fr. S. Bachelard, Paris, P.U.F., 1965, p. 225.

des points de vue noématique aussi bien que noétique. Ainsi par exemple, les relations seront expliquées du point de vue noématique, et en particulier les relations de priorité (en termes de validité) entre le système des fantasmes et le système des mouvements, et donc des déformations, des partitions etc. ; alors que du point de vue noétique, on inspectera les différences entre rétention, remémoration, attente etc., c'est-à-dire ces modes de conscience qui sont pour un phénoménologue la condition de la subjectivité. C'est bien sûr à la perspective phénoménologique qu'appartient l'analyse philosophique de la perception, normalement conçue comme une appréhension qui embrasse intentionnellement toutes les couches que l'analyse distingue. De là une différence, au-delà évidemment des visées empirique ou transcendantale, entre une approche psychologique de la notion de présence dans les environnements virtuels, et une approche philosophique, qu'une esthétique du virtuel ne peut pas ne pas exiger, au moins au niveau préliminaire. On peut maintenant se poser une question : à l'égard d'un corps virtuel qu'est ce qui change, si ça change, du point de vue d'une phénoménologie de la perception? Ce n'est certes pas l'unique question que l'on peut poser concernant le thème de la présence en environnement virtuel, s'il est vrai que le point de vue phénoménologique n'est que l'une des nombreuses manières philosophiques de comprendre la présence ; mais c'est une première question. Une telle opération, qui aujourd'hui pourrait se dérouler au moins partiellement sur la base des expériences et des cas étudiés dans le cadre des théories de la perception en environnement virtuel, pourrait fournir des résultats menant à une autre interrogation concernant, de manière circulaire, le sens de la méthode phénoménologique et de son but. Nous connaissons en effet la difficulté[1], comparable à celle qui, dans la

1. V. Costa synthétise bien la question dans *L'estetica trascendentale e fenomenologica. Sensibilità e razionalità nella filosofia di Edmund Husserl*, Milano, Vita e Pensiero, 1999, p. 29-37.

pensée platonicienne, apparaissait dans la théorie de la réminiscence, concernant le rapport entre l'historicité de la subjectivité transcendantale et la prétention à la vérité des résultats de la méthode eidétique : si dans toute expérience est présente, sans qu'il puisse en être autrement, le legs d'une histoire de l'expérience perceptive, quasiment comme une essence *a priori* constituée passivement, et comme la condition de possibilité de la saisie de l'*eidos*, alors nous avons une projection de l'empirique sur le transcendantal, de la subjectivité constituée historiquement sur l'appréhension du monde; maintenant «si l'*eidos* passivement préconstitué qui sert de guide dans la variation eidétique s'est cependant constitué à partir d'un monde avec une structure ontologique déterminée, *comment celui-ci peut-il prétendre à la validité pour un monde possible en général ?*» [1].
Il s'agit là d'un problème impliquant le fondement constitutif de toute représentation, à partir de la spatialité (et plus radicalement de la temporalité), puisque l'on peut supposer, ou au moins ne pas exclure par préjugé, des variations culturelles du sentiment de l'espace. Du reste le phénoménologue «se trouve involontairement lié par le fait qu'il a pris son point de départ en lui-même. Il se trouve en tant qu'*ego* et puis en tant qu'*ego* en général mais ces *ego* ont *déjà* la conscience d'un monde, *d'un type ontologique qui nous est familier*» [2].
C'est donc toujours à partir d'un «monde d'un type ontologique qui nous est familier», d'une ontologie tout à la fois évidente et nécessaire, que se produit la fiction, la variation eidétique, qui sera donc limitée dans sa liberté. Comme on le sait, ce point a été relevé par Derrida [3], qui justement à partir de l'impossibilité de dépasser la limite développera son programme de recherche dans la direction des figures «quasi-transcendantales». Mais Husserl connaissait

1. *Ibid.*, p. 30-31.
2. E. Husserl, *Méditations cartésiennes*, Paris, Vrin, 1992, p. 130.
3. J. Derrida, *Le problème de la genèse dans la philosophie de Husserl*, Paris, P.U.F., 1990, p. 215.

lui-même cette limite dans la liberté de la variation, et donc la limite de l'imagination : se tournant vers une considération génétique, il accentua au fur et à mesure la conscience d'un perspectivisme essentiel. Certes le je transcendantal n'est pas empirique, c'est un centre fonctionnel d'actes intentionnels, il est en soi et pour soi avant n'importe quelle égoïté mondaine et il met de côté l'attitude naturelle liée à la sphère psychologique ; comme on le verra, c'est un point très important, même pour une approche de la réalité virtuelle, qui permet même de comprendre la courbure particulière que prend le terme « ontologie » dans la phénoménologie et son rapport avec le terme « monde » (le monde, qu'il soit réel ou possible, comme thème de la phénoménologie transcendantale, n'est jamais un déjà donné, un être présent dans la forme de phénomènes qui contiennent une essence à dévoiler, mais plutôt un complexe eidétique qui émerge dans les opérations intentionnelles ; de ce fait, l'ontologie est la tentative de repérer et de décrire les couches de sens d'un tel monde). Et pourtant quand le projet phénoménologique n'est plus seulement descriptif, qu'il n'est plus seulement voué à l'identification des différences essentielles entre les actes intentionnels, mais devient recherche de « ce qui agit de manière subtile, subliminale, qui est absorbé et métamorphosé dans la synthèse passive »[1], et quand corrélativement émerge, comme interne à la genèse, le pouvoir de l'imagination[2], alors se pose le problème des limites de ce pouvoir :

1. V. Ghiron, *La teoria dell'immaginazione di Edmund Husserl. Fantasia e coscienza figurale nella "fenomenologia descrittiva"*, Venezia, Marsilio, 2001, p. 178.
2. Bien décrit par Elio Franzini : « L'imagination est *variation*, ce qui permet le passage de la variété des formes contingentes vitales, avec la richesse de leurs jeux, à l'essence stable qui rend possible l'identité de l'objet avec lui-même qui se détermine "en variant" le regard sur lui : c'est donc par son intermédiaire que s'explicite *le sens possible de notre monde commun de la vie* », in *Verità dell'immagine*, Milano, Il Castoro, 2004, p. 116. Globalement, sur la question de l'imagination et en particulier sur ses différentes significations chez Husserl, *cf.* C. Calì, *Husserl e l'immagine*, Palermo, Aesthetica Preprint Supplemento, 2002.

> Puis-je par l'imagination faire en sorte que mon corps se transforme en celui de ma jeunesse, et mon âme en celle de l'enfance ? N'est-ce pas à plus forte raison et vraiment un non sens ? Avec ces questions émerge le fait que le problème du changement de perspective [*Umdenken*] n'a pas vraiment été posé et traité [1].

Ce n'est certainement pas un hasard si la question du « changement de perspective » est centrale chez Sartre et Merleau-Ponty, c'est-à-dire chez les auteurs qui ont développé à leur façon la recherche phénoménologique, en consacrant une grande attention à la dimension de l'opacité, de l'implication, du manque de pureté du cogito, avec en somme une attention renouvelée au corps, et donc à l'historicité, à l'affectivité, aux émotions, et finalement à la matérialité de l'ego. Ainsi la recherche typiquement transcendantale des structures invariables, censées communes aux différentes conceptions du monde, ne s'interrompt pas, mais se complique et se problématise.

Voici donc une question, celle de la réforme de la subjectivité transcendantale en direction de la corporéité comme condition de possibilité de toute appréhension d'objet, qui est présente chez Husserl lui-même [2] ; mais cette question sera développée ici de manière différente en raison de la complexité et de la nouveauté du *champ* virtuel. Si, en d'autres termes, nous tenons pour acquise la leçon méthodologique de la phénoménologie qui pousse à l'exercice de l'imagination comme variation, dans le but de saisir l'émergence des formes, l'identité des objets et leur sens essentiel dans la variété des images ; et si nous pensons cette expérience non seulement comme typologie ou description empirique du champ, mais comme analyse de sa stratification, en considérant le champ comme territoire ontologique constitué de plans matériels ; et si enfin une telle considération n'est possible qu'au niveau de l'intentionnalité, alors

1. Ms. E III 9/49a, cité *in* V. Costa, *L'estetica trascendentale fenomenologica*, p. 35.
2. Comme le met en lumière l'analyse des manuscrits, *cf.* V. Costa, *L'estetica trascendentale e fenomenologia*, partie III.

que dans le cas du vécu propre de l'image virtuelle, le corps du sujet est nécessairement doté de prothèses, et que le corps de l'objet est un hybride éminemment interactif ; tout cela peut avoir des conséquences qui se reflètent sur l'exigence de transcendance de la méthode phénoménologique. Peut-on encore parler d'un « ego en général qui a déjà dans la conscience un monde d'un type ontologique bien connu », quand le « type ontologique bien connu » n'existe plus, ou quand le type ontologique n'est plus aussi « bien connu » ? Dans l'abstrait, relativement à l'objet, on peut dire ainsi : que ce passe-t-il quand l'objet visé n'est pas un corps, n'est pas une image, mais est un hybride corps-image ; mais qu'il n'est pas précisément un hybride comme un tableau, une image photographique, une image cinématographique, une image télé-visuelle, au moins parce qu'il n'a pas la même *qualité intersubjective*, qualité qui est toujours connectée au degré d'interaction ? Je reviendrai plus tard sur ce point, mais pour l'heure, je remarque que le degré d'interactivité implique une différence qui se reflète dans la possibilité même de l'expérience. Et quel point de vue, quelle perspective prendre pour la recherche ? La perspective d'une égoïté dédoublée, interne et externe à l'environnement virtuel ? Ne sommes-nous pas en train de nous approcher d'une situation paradoxale, mettant en question la possibilité d'un « sens commun » ? Cela nous pousse de manière évidente à considérer la question du point de vue de la constitution de l'objet esthétique, où imagination et image jouent dans une circularité inextricable ; mais pour le moment j'ai seulement posé un problème : il s'agit d'entrer dans la question de la *présence* en environnement virtuel en tenant ferme, si possible de manière non naïve, le gain phénoménologique essentiel qui rend compte de la complexité des processus. La question qui se pose est alors la suivante : dans l'analyse de la *présence* en environnement virtuel, quelle importance a la différence nécessaire par rapport à la simulation parfaite ? Il faut, en outre, garder à l'esprit que l'analyse du champ (un champ de forces interactives, composé dans notre cas d'utilisateurs et de corps virtuels) ne peut être une simple description verbale des contenus de l'expérience de l'utilisateur, l'utilisateur fût-il le sujet même qui décrit, parce que l'usage linguistique attribue aux contenus d'expérience une conscience qui peut ne pas être la leur; il s'agira plutôt d'expliquer les couches de l'histoire constitutive qui a conduit à cette expérience, d'en montrer par régression le développement, d'en recueillir les dynamiques de constitution, mais sans pour autant avoir cette prétention d'universalité qui est niée dans ses racines par le développement technologique.

D'une manière tout aussi abstraite, en ce qui concerne le sujet, on devra tenir compte des prothèses non organiques qui participent à la constitution du «corps» de l'opérateur-bénéficiaire-acteur en environnement virtuel. C'est un point important pour la tradition phénoménologique, et il me semble que cela l'oriente plutôt dans la direction d'un approfondissement, et non d'une négation de sa méthode. Prenons la question de loin : qui est ou qu'est-ce que le «sujet» qui «sent», c'est-à-dire qui perçoit et comprend ? Ce n'est pas un esprit désincarné, dirait-on, mais un complexe corporellement inextricable. C'est ce qu'a progressivement enseigné Merleau-Ponty, d'abord en accentuant la dimension corporelle, donc en élaborant l'étrange et profonde notion de chair, comme environnement de participation organique-non organique. Mais l'approche plus simple ou du moins primaire de cette question passe par la considération du corps de l'utilisateur comme corps doté de greffes non organiques qui rendent possible la perception et partiellement la constitution de corps virtuels. Un tel corps est «un organisme cybernétique, un hybride de machine et d'organisme, une créature qui appartient autant à la réalité sociale qu'à la fiction»[1]. Dans

1. D. Haraway, *Simians, Cyborg, and Women : The Reinvention of Nature*, New York, Routledge, 1991, p.40. L'extension critique que Haraway tire du cyborg est désormais célèbre : « En tant qu'hybride, mélange de corps et machine, le cyborg est une entité qui tisse des liens, c'est une figure interactive qui évoque de nouveaux modes d'interaction, de réceptivité, de communication globale. En tant que tel, le cyborg diffuse et confond délibérément et sans

les théories du post-humain, cela indique «de nouvelles façons de vivre les identités à travers un corps mutant, jamais fini et défini, hybridation d'organique et de non organique, entre biologique et technologique, entre chair et circuits»[1]. Au niveau conceptuel nous pouvons le comprendre comme figure de la limite et du dépassement des limites entre organique et non organique, et plus généralement entre naturel et artificiel : « la matière devient continuellement quelque chose d'autre, le non organique s'insinue dans l'organique, dans l'organisme nous trouvons le machinique, mais nous ne trouvons jamais rien de simple, d'original, d'ultime. Enchaînement d'infiniment petit, enchaînement de fragments hétérogènes. Couches. L'organisme conscient est un agrégat de particules d'information, de matière, de désir, en mouvement vers leur désagrégation »[2].

Mais en ce qui nous concerne, le corps en environnement virtuel est simplement un «couplage structurel»[3], un corps-prothèse qui appartient à un projet de re-compréhension des «fonctions de l'organisme dans les codes de la machine»[4], qui développe d'un côté les capacités de l'organisme, et de l'autre les compétences de la machine avec la prothèse «corps organique». Il sera nécessaire de se demander quelles en sont les conséquences pour la phénoménologie, et pour l'ontologie de l'artificiel.

Il nous faut maintenant revenir précisément sur ce point : ne pouvons-nous pas simplement faire l'hypothèse que le corps doté de prothèses non organiques correspond, dans la relation virtuelle, au

grande pudeur les distinctions dualistes qui fondent notre culture, celles entre humain/mécanique ; nature/culture ; masculin/féminin ; édipique/non édipique etc. » (p. 24).

1. M. Combi, *Corpo e tecnologie*, Roma, Meltemi, 2000, p. 119.

2. *Cf.* G. Deleuze, F. Guattari, *Capitalisme et schizophrénie. Mille plateaux*, Paris, Minuit, 1980, p. 636-637.

3. G. Boccia Artieri, *Lo sguardo virtuale*, p. 231.

4. *Ibid.*

corps vivant ou au corps propre[1] décrit par la tradition phénoménologique ? Peut-être, comme l'écrit Nancy, « le "corps ontologique" n'est à penser que là où la pensée *touche* à la dure étrangeté, à l'extériorité non-pensante et non pensable de ce *corps* »[2]. Il est vrai que les corps « ont lieu à la limite, *en tant que la limite* : limite – bord externe, fracture et intersection de l'étranger dans le continu du sens, dans le continu de la matière. Ouverture, *discrétion* [...] Un corps est le lieu qui ouvre, qui écarte, qui espace phalle et céphale : leur *donnant lieu* de faire événement »[3], et il est aussi vrai que « l'entre-les-corps est leur avoir-lieu d'images »[4]. Et en particulier : « l'*image* qu'il est ainsi n'a pas rapport avec l'idée, ni en général avec une "présentation" visible (et/ou intelligible) *de* quoi que ce soit. Le corps n'est pas image-*de*. Mais il est *venue en présence* »[5].

Tout ceci fonctionne, et donc nous l'utilisons comme description de la structure interactive et immersive du champ virtuel. Et pourtant il ne s'agit pas de penser la négation du corps vivant mais plutôt de penser ce corps, qui provient de l'intégration non organique, *comme* corps vivant ; non pas de penser comme non vivant l'organique, mais comme vivant le non organique, sans pour cela *l'animer* ; on a affaire ici à une modalité intentionnelle non évidente. Ce qui bien évidemment disparaît, c'est la hiérarchie entre les simples corps-objets d'un côté, qui existeraient *partes extra partes*, et de l'autre côté le corps vivant comme condition pour « avoir un monde » ; disparaît également l'idée de corps comme lieu d'appropriation, comme ce qui peut être habité et dirigé de l'intérieur. Ainsi est abandonnée une différence interne-externe plus profonde que l'implication interne-

1. Sur les problèmes de traduction du terme *Leib*, *cf.* N. Depraz, « Postface : la traduction de leib, une crux phaenomenologica », dans E. Husserl, *Sur l'intersubjectivité*, Paris, P.U.F., 2001, p. 391-992.

2. J.-L. Nancy, *Corpus*, Paris, Éditions Métailié, 2000, p. 18.

3. *Ibid.*

4. *Ibid.*, p. 104.

5. *Ibid.*, p. 57.

externe que nous permet de penser la seule considération du corps vivant ; est indiquée en outre la possibilité d'un dépassement de la relation univoque entre conscience et identité, telle que la conçoit la théorie du corps vivant comme organe ou schéma de la conscience de soi. L'autoconscience est en somme une conscience traversée par le monde et qui restitue le monde[1]. Les opérations de Stelarc, et peut-être les dernières performances d'Antunez Roca, sont le cas emblématique, me semble-t-il, d'une expérimentation poursuivant dans cette direction.

Puisque la distinction est une question de regards ou d'intentions, le corps synthèse organique-non organique peut être considéré comme corps-vivant et *en même temps* comme corps-objet, agrégat de parties étendues qui remplit des fonctions biologiques, pensable et descriptible en termes physiques ; le corps-machine n'est plus alors synonyme de réductionnisme. Le cyborg est un complexe à la fois psycho-physiologique et physique, mental et machinique, naturel et artificiel, organique et non organique, et comme tel, véhicule de possibilités expressives en environnement virtuel ; précisément le cyborg est « notre moyen général d'avoir un monde »[2] virtuel. Nous pouvons maintenant seulement, après avoir indiqué la direction vers laquelle penser un corps doté de prothèses technologiques, l'écrire avec les mots de la *Phénoménologie de la perception*. Structurellement ouverture intentionnelle, prise sur le monde qui se pose lui-même dans le mouvement de l'ouverture, un tel corps n'est pas un simple objet et ne peut être saisi dans sa complexité par un regard objectivant, c'est pourquoi il est toujours imminent pour une approche scientifique, se posant plutôt comme condition de possibilité pour un langage descriptif : « horizon latent de notre expé-

1. Je pense bien évidemment à une réinterprétation du corps vivant du point de vue de la chair du monde. Je crois en somme que Merleau-Ponty allait déjà au delà du *Corpus* de Nancy.

2. M. Merleau-Ponty, *Phénoménologie de la perception*, Paris, Tel-Gallimard, 1945, p. 172.

rience, présent sans cesse, lui aussi, avant toute pensée déterminante»[1], *vue préobjective*[2] capable de percevoir son propre mouvement comme événement de l'environnement, complexe de sensations affectives et cinesthésiques, «schéma corporel»[3], complexe spatio-temporel en situation, tel qu'il détermine l'existence même des caractéristiques spatio-temporelles de l'environnement. Corps qui en tant que condition de possibilité de l'expérience de l'environnement constitue l'environnement lui-même, structure corps-conscience qui donc se pose primairement non comme un «je pense que», mais un «je peux»[4], qui saisit l'environnement comme ensemble de possibilités pour l'action, de possibilités expressives qui constituent des horizons qualitatifs.

Le corps-utilisateur dans l'environnement virtuel habite l'espace et le temps que son interaction construit comme une spécificité d'espace et de temps virtuels, et phénoménalise dans l'interaction les objets-corps virtuels qui constituent l'environnement lui-même. La prothèse technique semble quasiment conférer au corps le pouvoir extraordinaire qui en milieu non virtuel est un effet de l'habitude, de la répétition : «le pouvoir que nous avons de dilater notre être au monde, ou de changer d'existence en nous annexant de nouveaux instruments»[5]. C'est le pouvoir d'assimiler l'altérité dans son corps, en la faisant devenir expansion et expression de son propre espace-temps, de sorte que l'activité perceptive et cognitive du corps constitue le champ même de la présence comme ensemble de signifiants. En d'autres termes, dans la dynamique de la relation virtuelle ou de la constitution d'environnement virtuel, le rapport particulier entre un corps doté de prothèses et un corps virtuel est tel que le signifiant est interne à la perception, ou à cette rencontre que nous continuons à

1. *Ibid.*, p. 109.
2. *Ibid.*, p. 94.
3. *Ibid.*, p. 114.
4. *Ibid.*, p. 160.
5. *Ibid.*, p. 168.

appeler perception. Je reviendrai plus tard sur ce point délicat, mais en supposant qu'en environnement virtuel, entendu dans le sens fort que nous avons défini, soit possible une relation entre utilisateurs au moyen d'avatars, alors dans un tel environnement «les parties de mon corps forment un unique système, ainsi le corps d'autrui et le mien sont un tout unique, l'envers et l'endroit d'un seul phénomène; l'existence anonyme dont mon corps est à tout moment la trace, habite simultanément ces deux corps» [1].

L'*autre* corps-utilisateur en qualité de corps virtuel sera à proprement parler un corps hybride, paradoxal. Je me rends compte qu'un tel corps est difficilement concevable dans sa dynamique perceptive et imaginative, puisqu'il est problématique de penser cette extériorité du regard qui est condition d'objectivité. Mais c'est là le cas le plus complexe, qui suppose la possibilité d'un rapport entre identité et différence dans lequel une relation entre trois lieux est réduite à une relation entre deux lieux, par la voie de l'assimilation, dans l'avatar, du corps doté de prothèses et du corps virtuel : identité entre différents qui en même temps demeurent tels. Peut-être à ce niveau, l'environnement le plus proche du virtuel au niveau perceptif, du moins en ce qui concerne le sentiment complexe et immédiat de présence, est-il celui du rêve.

ce que nous enseignent les rêves

Sans aucun doute, nous sommes faits de la matière même des rêves, et peut-être notre vie est-elle immergée dans un grand rêve. Il me semble [2] que Leibniz avait raison de soutenir qu'il «n'est point impossible, métaphysiquement parlant – la métaphysique étant pour Leibniz le langage de la vérité – qu'il y ait un songe suivi et durable

1. M. Merleau-Ponty, *Phénoménologie de la perception*, p. 459.

2. Même si Kant ne serait pas d'accord (*cf.* à ce propos les *Rêves d'un visionnaire clarifiés avec les rêves de la métaphysique*). On peut voir sur ce thème le beau chapitre d'Elio Franzini, *La vita è sogno* in *Fenomenologia dell'invisibile*, Milano, Cortina, 2001, p. 43-58.

comme la vie d'un homme»[1]. Or, le rêve a été étudié les vingt dernières années depuis les paradigmes de la psychologie cognitive[2], et par conséquent a été pensé en relation avec les activités mentales de la perception, du raisonnement, de la production de narrations.

> Dans la perspective cognitiviste classique [...] on retient qu'il n'y a pas de parentés intéressantes entre le rêve et l'interaction avec le monde [...] On le comprend aisément quand on considère que le cognitivisme classique conçoit la perception, la pensée et l'action comme des sous-ensembles mentaux, autonomes et séparables, et l'action comme une exécution balistique d'instructions appropriées, récupérées dans un catalogue interne et mises préventivement en séquence dans le cours d'un processus de raisonnement [...] guidé par un but explicite[3].

Au-delà d'une telle position, un autre présupposé peut être mis en discussion, selon lequel

> le rêve serait quelque chose de radicalement extérieur à l'esprit dans le même sens que nous seraient extérieures les images que nous percevons ou les histoires auxquelles nous assistons. Le cognitivisme classique trace une nette différence ontologique entre les procédures qui, suppose-t-on, constituent l'esprit, et les informations (recueillies dans l'environnement et récupérées dans les magasins de la mémoire) sur lesquels ces processus opèreraient. Ce qui est caractéristique du mental ce sont les procédures, alors que les informations sont de simples contingences; et puisque les procédures sont conçues comme les règles d'un système formel et donc décrites, comme on a l'habitude de dire, *à la troisième personne* [...], le thème

1. *Nouveaux Essais*, II, IV, II, § 14, in *Philosophische Schriften*, her. von der Leibniz-Forschunggestelle, Akademie Verlag, Berlin, 1962, p. 375.
2. *Cf. Dreaming as cognition*, C. Cavallero, D. Foulkes (éd.), London, Harvester Wheatsheaf, 1993.
3. A. Carassa-M. Tirassa, « *Essere nel mondo, essere nel sogno* », in *Il sogno in psicoterapia cognitiva*, G. Rezzonico, D. Liccione (éd.), Torino, Bollati Boringhieri, 2004, p. 45.

de la *présence*, de la *participation* de l'individu à la situation en cours figure au dernier rang des intérêts du cognitivisme classique [1].

Récemment, le rêve a également été examiné dans le cadre des recherches sur la psychologie de la conscience [2], comme état de conscience altéré (semblable en cela aux états d'hypnose ou de privation sensorielle). Une telle investigation prolonge l'hypothèse d'un esprit opérateur computationnel, qui circule sous diverses formes dans le cognitivisme, vers une recherche phénoménologique au sens large, ne présupposant ni l'existence d'un ordre externe auquel appartient objectivement une famille de signifiants, ni la possibilité d'un esprit observant de l'extérieur un tel ordre. Mais ultérieurement, au travers d'études sur l'expérience du Soi [3], l'enracinement dans l'expérience du corps ou *embodiment* [4], l'interaction entre cognition et action, comme entre cognition et monde social [5], le rêve fut caractérisé « comme un type particulier d'activité intentionnelle consciente » [6]. Nous pouvons désormais utiliser cette définition qui implique la négation opportune de certaines façons de concevoir le rêve (comme perception sans stimulus, comme génération et compréhension d'histoires « externes ») ce qui nous permet de considérer le rêve pour sa qualité spécifique de *présence interactive*, qu'il s'agisse ou non d'un état de conscience altéré.
C'est une perspective intéressante ; le rêve apparaît alors comme une construction *unilatérale* d'interaction [7] :

1. A. Carassa-M. Tirassa, « *Essere nel mondo, essere nel sogno* ».
2. *Cf.* G.W. Farthing, *The psychology of consciousness*, Englewood Cliffs-NJ, Prentice hall, 1992.
3. A la suite de V.F. Guidano, *Il Sé nel suo divenire*, Torino, Bollati Boringhieri, 1991.
4. *Cf.* F. J. Varela, E. Thompson, E. Rosch, *The Embodied Mind. Cognitive Sciente and Human Experience*, London, The MIT Press, Cambridge (Mass.), 1993, surtout p. 147-184.
5. A la suite par exemple de A. Clark, *Being There*, The MIT Press, Cambridge (Mass.), 1997 ; G. Mantovani, *L'elefante invisibile*, Firenze, Giunti, 1998.
6. A. Carassa, M. Tirassa, *Essere nel mondo, essere nel sogno*, p. 25.
7. *Essere nel mondo, essere nel sogno*, p. 19.

> Dans le rêve, le couplage avec le monde réel est manifestement affaibli : de fait l'esprit n'interagit pas avec le monde réel (quoi que cela signifie réellement) mais avec un monde fictif qu'il se construit instant après instant pour pouvoir interagir [...] Le rêve est donc une forme particulière de conscience dans laquelle, en l'absence du monde (avec lequel nous maintenons quand même un contact faible mais important), nous donnons naissance de manière autonome, unilatérale, aux conditions qui constituent l'expérience et la création de sens[1].

Cependant je préfère suspendre le jugement sur l'unilatéralité, non seulement parce qu'il implique certaines assertions de base qui auraient besoin d'être discutées (l'idée d'une *conscience* comme centre des actes intentionnels, l'idée selon laquelle de tels actes seraient interprétables comme flux de *représentations de* quelque chose et en même temps comme interaction *avec* quelque chose, et selon laquelle la représentation serait un *point de vue* qui à son tour impliquerait l'*avoir conscience*, c'est-à-dire la traduction en auto-conscience de l'être conscient), mais surtout parce que la notion d'unilatéralité dépend d'une distinction posée comme évidente entre monde réel et monde fictif. Maintenant, il est difficile de poser une différence entre interiorité et extériorité, et davantage encore entre réel et fictif, ou entre le monde privé de la conscience et le monde externe de la réalité, distinction résistante bien qu'atténuée par la structure intentionnelle, sans présupposer un système complexe d'interprétation. En ceci, je fais décidément mienne la position cartésienne[2], et ce de façon radicale : nous n'avons aucun instrument, sinon peut-être un système métaphysique complexe,

1. *Ibid.*, p. 20.
2. « Car d'où sait-on que les pensées qui viennent en songe sont plutôt fausses que les autres, vu que souvent elles ne sont pas moins vives et expresses ? Et que les meilleurs esprits y estudient, tant qu'il leur plaira, je ne croy pas qu'ils puissent donner aucun raison qui soit suffisante pour oster ce doute, s'ils ne présupposent l'existence de Dieu. » *Discours de la méthode*, in *Œuvres de Descartes*, éd. Ch. Adam et P. Tannery, Paris, Vrin, 1965, vol. VI.

pour distinguer l'état de rêve de l'état de veille ; il n'y a pas en somme de regard externe qui puisse distinguer entre deux états impliquant que l'opération de la distinction ne soit pas interne à un rêve. Si donc d'un côté j'assume une telle distinction, sans pouvoir la démontrer, de l'autre je préfère diminuer, en l'interprétant de la manière qu'on verra, le taux d'unilatéralité, justement parce que l'unilatéralité semble totalement évidente (ce n'est peut-être pas moi qui rêve ?) Je crois, en somme, que si nous évitons de penser le soi comme un je, plus ou moins décentré, mais d'une certaine manière créateur, et que nous le concevons comme une fonction interactive, nous pourrions recueillir des suggestions et construire des analogies entre formes de *présence*. Mais il nous faut encore parvenir à un tel résultat. Or justement, la « sensation » de *présence* est une caractéristique particulière du rêve : le rêve est un environnement auquel nous participons de manière immersive, par rapport auquel nous ne sommes pas spectateurs mais plutôt acteurs ; un environnement dans lequel nous ne sommes pas en train d'observer ou de produire des événements en qualité d'histoires, et dans lequel nous n'avons pas l'impression d'une dualité du regard, comme si nous assistions à un spectacle[1]. Nous savons aussi que la sensation de *présence* est, dans le rêve, parfois plus envahissante et puissante que dans la veille ; cette force de la présence a été expliquée justement comme le résultat de l'unilatéralité de l'interaction : alors qu'au contraire l'environnement entendu comme monde externe est très riche d'invitations à l'action et de possibilités de perceptions, parmi lesquelles nous sélectionnons une petite part à travers l'attention, tout en restant conscients de l'arrière plan et de sa complexité.

1. « Nous sommes toujours immergés dans le monde parce que c'est la nature de notre esprit ; alors qu'au cinéma ou dans la rêverie le monde inclut aussi l'histoire fantastique sans s'épuiser en elle, dans le rêve, monde et histoire coïncident simplement sans aucune différence. » A. Carassa, M. Tirassa, *Essere nel mondo, essere nel sogno*, p. 48.

> Dans le rêve, au contraire, nous nous déplaçons dans un environnement reconstruit unilatéralement pour pouvoir interagir. Ce que ce monde doit contenir est seulement ce qui sert pour l'interaction en cours – et, de fait, c'est à peu près tout ce qu'il contient. En l'absence d'un monde réel qui serve de mémoire externe, la création d'un *plus* de monde par rapport à ce qui est nécessaire à l'interaction est limitée par la capacité de notre mémoire interne [...]. La vivacité de la présence dans le rêve est probablement due justement à cette (relative) pauvreté du monde onirique ; au lieu de devoir nous occuper et nous préoccuper de la très riche variété d'affordances qui caractérisent le monde réel en distribuant sur elle notre capacité de présence [...] nous dépensons toute cette capacité sur les quelques caractéristiques du monde que nous réussissons à créer unilatéralement[1].

En rapprochant ainsi l'unilatéralité et la pauvreté du monde fictif des rêves on expliquerait, en outre, la relative *incohérence* propre à ces mondes :

> Créer unilatéralement un monde complexe est difficile, mais il est encore plus difficile d'en maintenir unilatéralement la cohérence à travers le temps [...] Le problème est que l'esprit est fait pour être à l'origine des changements du monde, non pour les créer à partir de rien ou du chaos. Alors que le romancier maintient et met à jour constamment une mémoire externe (un canevas, un ensemble de notes) qui l'aide à garder la trace de ce qui arrive aux personnages et au monde dans lequel ils se meuvent, l'esprit immergé dans le rêve peut seulement faire appel à ses propres ressources de mémoire et à ses propres capacités de prévision. On ne s'étonnera pas si dans le déroulement de cette tâche il rencontre quelques difficultés, ni si ces difficultés se manifestent par des lacunes et des incohérences dans la trame[2].

1. *Ibid.*
2. *Ibid.*, p. 48-49.

Mais nous pouvons peut-être expliquer ces mêmes traits, propres à l'expérience du rêve (immersion, qualité intense de *présence*, incohérence), en évitant l'hypothèse de l'unilatéralité; les caractères du rêve pourraient simplement dépendre d'une interaction constitutive entre l'avatar du sujet et une mémoire dynamique qui, précisément, appartient et n'appartient pas au sujet, ou lui appartient en le dépassant dans plusieurs directions ; le monde du rêve représenterait ainsi une complète intégration sujet-environnement. Une mémoire indique ici tout autre chose qu'un magasin d'images, d'événements ou de traces, elle indique, pour utiliser les paroles d'Edelman, «un principe à la base du développement évolutif de l'esprit et de l'intentionnalité [...] La mémoire, en cette acception du terme, décrit les aspects de l'hérédité, des réactions immunitaires, de l'apprentissage réflexe, du simple apprentissage qui suit la catégorisation perceptive, des formes variées de conscience» [1].

La mémoire, donc, non comme un archivage statique à consulter, mais comme un complexe plastique et dynamique dans lequel s'intègrent et s'amalgament à divers niveaux des modèles d'interaction; la mémoire comme condition de possibilité des actions et prestations non reproductives de la part du corps du sujet, bien au-delà de la conscience subjective; la mémoire de l'espèce, fondamentalement adaptative, la mémoire comme origine de signifiants et génération d'analogies, c'est-à-dire constitution de modèles par ressemblance de propriétés ou de liens tels qu'ils orientent l'action. La mémoire, en ce sens, «n'est pas une composante de l'esprit [...], elle est au contraire une propriété globale de notre esprit» [2]. Dans l'état de veille probablement, la mémoire ainsi définie est accrochée ou «cramponnée» [3] au monde à travers la perception, non parce que

1. G. M. Edelman, *Bright Air, Brilliant Fire. On the Matter of the Mind*, Basic Books, New York, 1992, p. 317-318.
2. A. Carassa, M. Tirassa, *Essere nel mondo, essere nel sogno*, p. 33.
3. Il s'agit du "clamping" dont parle A.M. Glenberg; cf. *What memory is for*, *in* "Behavioral and Brain Sciences", 1997, 20, p. 1-55.

l'expérience précédente interfère avec celle qui est actuelle en la déterminant ou en la constituant en qualité de schéma conceptuel[1], mais plutôt parce que la mémoire entre en relation systémique avec l'expérience actuelle – qui est souvent résistante et a la capacité de surprendre et de démentir des attentes – en la déterminant, en lui conférant autrement dit ce sens qui peut arriver seulement dans la structure de la relation : en se mélangeant au présent, la mémoire peut en somme en suspendre la primauté et imaginer des possibilités d'actions. Mais ce qui nous intéresse ici, c'est d'en rester au rêve dans lequel la différence entre mémoire interne et mémoire externe ou monde s'atténue, parce que cette même différence interne-externe s'atténue. En d'autres termes, dans le rêve la mémoire, qui est bien plus qu'une accointance avec le monde, est en même temps ce qui est intime et propre au sujet et ce qui est autre, étranger, différent, et en cela capable de surprendre, d'étonner, parfois d'angoisser. À présent, une propriété éminente du rêve (en dehors de l'immersion, de l'intensité de la présence, de la relative incohérence narrative), lieu d'interactions qui est structurellement interaction, est l'hétéro-direction : ignorons-nous que nous ne sommes pas les metteurs en scène du rêve ? Les corps et les événements qui se présentent dans les rêves n'apparaissent-ils pas comme incorrigibles, comme s'ils étaient quelque chose d'autre que nous ? Ignorons-nous que nous ne pouvons pas changer l'aspect du rêve par une simple volition ? Le rêve, ses composantes matérielles et son déroulement causal échappent à la prise constructive de l'avatar : nous sommes finalement à la merci de nos rêves, c'est pourquoi ce qui nous réveille, nous semble, sans équivoque, avoir été une expérience « interne », et est vécu comme l'expérience d'un « extérieur » non contrôlable. Remarquons que je ne suppose aucune distinction, même si elle est évidente, entre conscient et inconscient, ne serait-ce que parce

1. *Cf.* la discussion de cette possibilité dans M. Ferraris, *La conoscenza del mondo esterno*, Milano, Bompiani, 2001, p. 130-134.

qu'elle impliquerait une topologie que je ne pourrais pas justifier ; je me limite à relever une expérience d'hétérodirection que je suppose partagée, qui probablement implique que la mémoire dynamique constituant, pour ainsi dire, l'étoffe des rêves, serait composée aussi de désirs dont nous ne sommes pas conscients à l'état de veille, serait en somme (aussi) une étoffe émotive non contrôlable. Mais ce n'est pas l'essentiel pour l'instant; il importe au contraire de chercher à saisir des analogies et des différences entre les formes de mémoires et les environnements, entre le rêve et le virtuel. Dans le rêve, donc, nous nous expérimentons comme d'étranges sujets : nous sommes nous-mêmes, et en même temps des représentants de nous-mêmes, c'est-à-dire des avatars ; et nous sommes complètement immergés dans un monde que nous pouvons considérer fictif seulement d'un impossible point de vue externe, mais qui au contraire est massivement réel, au point de produire une sensation de *présence*, c'est-à-dire une perception de l'altérité, ou hétéroaffection, particulièrement intense. Un tel monde se constitue dans l'interaction entre un avatar et la mémoire, une mémoire non pas pauvre, mais plutôt d'une densité et d'une extension considérables, au moins autant que les potentialités cérébrales les rendent possibles. Maintenant, concevoir le rêve comme une interaction avatar-mémoire, dans laquelle les deux termes sont en même temps identiques et différents, comme une structure-environnement qui intègre le subjectif-objectif et l'interne-externe en en respectant la distinction, permet d'interpréter facilement les caractéristiques typiques, mentionnées ci-dessus, de présence et d'incohérence. De fait, le rêve est incohérent seulement par rapport à la présupposition d'une mise en scène unitaire et subjective : dans notre relation quotidienne avec le monde, presque par nécessité, nous avons tendance à construire des narrations en partant d'événements peut-être privés de sens unitaire ; nous avons tendance à dupliquer le regard en le déplaçant à l'extérieur de nos propres histoires, au point que l'esprit semble être spontanément narratif, peut-être dans le but de construire un ordre sensé ou un environnement supportable ; mais dans le rêve cela n'arrive pas, et il devient clair que la mise en scène de l'histoire, en supposant qu'il y en ait une, ne nous appartient pas. En d'autres termes : ce n'est pas le rêve qui est incohérent, c'est l'exigence de cohérence de l'esprit narrateur, probablement construit comme fonction adaptative et téléologique, qui le comprend ainsi. C'est ce qui explique aussi l'intensité de la *présence* dans la mesure où celle-ci est connectée, au moins partiellement, à ce qui provoque l'attention et par conséquent une tension de réponse, donc connectée à la différence qui provoque la stupeur, à une rencontre non prévisible, au familier qui, parfois, montre son visage sombre. C'est pourquoi les qualités perspectives propres aux rêves, non seulement montrent clairement la différence entre stimulus et perception, mais aussi l'inutilité d'un dehors du corps pour produire des perceptions de l'altérité ; mais surtout, pour ce qui nous intéresse, elles montrent la densité significative d'un environnement qui se réduit à une structure de relations, un environnement interactif tel qu'il permet la révision de la différence entre chose et événement, et entre objet et image. En réalité, ce que nous percevons comme corps dans le rêve est un événement de la mémoire, et en même temps, ce que nous concevons comme corps est une image mentale, c'est-à-dire, si l'on veut, une image de la mémoire. De la même manière que dans l'environnement virtuel, mais avec quelques différences fondamentales. Ce sont cependant des différences importantes, parce que l'environnement virtuel se constitue dans l'interaction avec des machines ; pour comprendre cette situation, une théorie de l'artificiel[1] serait préalablement nécessaire. Georges Simondon parlait à ce propos de «couplage interindividuel» entre l'homme et la machine ; précisément un tel «couplage» pour Simondon «commence à exister

1. *Cf.* M. Negrotti, *Artificiale. La riproduzione della natura e le sue leggi*, Roma-Bari, Laterza, 2000 (en particulier voir la classification de l'artificiel, p. 48-53 ; sur la réalité virtuelle p. 101-104).

à partir du moment où un codage commun aux deux mémoires peut être découvert, afin que l'on puisse réaliser une convertibilité partielle de l'une en l'autre, pour qu'une synergie soit possible »[1]. Un tel environnement semble constitué de corps-images non mimétiques, images-événements, et non images d'autre chose, même si la relation mimétique semble appartenir à la nature de l'image. Il s'agit alors de défaire ce nœud.

1. *Du mode d'existence des object techniques*, Paris, Aubier Montaigne, 1969, p. 124. Il serait certainement important pour notre thème de repenser avec soin la théorie de l'identification de Simondon, et plus généralement de repenser le sens de la technique et du rapport art-technique ; *cf.* sur ce point l'essai de Pietro Montani, « *Arte e tecnica. Una questione riaperta* », dans *Analysis*, 3, 2004.

chapitre 3

formes de l'expression

mimesis ?

Il n'existe pas, sinon superficiellement, de crise de la *mimesis* [1]. Nous connaissons l'amplitude sémantique du terme qui ne peut certes pas être réduit à un processus d'imitation, et qui, dans certains cadres théoriques, en arrive à signifier la structure fondamentale du désir humain [2]. La *mimesis* se situe au carrefour de la reproduction mécanique et de la représentation créatice, en traversant les significations de ressemblance et d'expression, de simulation et d'assimilation. La *mimesis* est le territoire sur lequel se joue actuellement le processus d'esthétisation du monde amorcé par les flux incontrôlables du désir mimétique et par la découverte, parfois la sauvegarde et le soin, de ressemblances inédites qui entrouvrent des horizons de sens. La *mimesis* est aujourd'hui un champ d'hybridation entre les sciences, de l'anthropologie à la technologie, des sciences humaines à l'éthologie, et c'est précisément ce qui nous intéresse ici : sa dernière mutation, représentée par la nouveauté du corps virtuel. En fait, la

1. Comme en témoignent les contributions recueillies dans *Politiche della mimesis. Antropologia, rappresentazione, performatività*, A. Borsari, Milano, Mimesis, 2003. Pour une reconstruction très soignée de la constellation des significations couvertes aujourd'hui par le concept, voir l'essai de Borsari *"Mimesis", le peripezie di una famiglia concettuale*, p. 7-26 et 281-306 ; pour l'histoire théorique du concept, *cf.* A. Melberg, *Theories of Mimesis*, Cambridge University Press, 1995; pour la *mimesis* comme catégorie esthétique, *cf.* S. Halliwell, *The Aesthetics of Mimesis*, Princeton University Press, Princeton and Oxford, 2002.

2. *Cf.* R. Girard, « *Il desiderio mimetico di Paolo e Francesca* », in *Politiche della mimesis*, p. 41-47.

mimesis, comme on l'a remarqué[1], n'est pas seulement un processus cognitif, mais aussi un faire qui implique la participation du corps, qui à travers le processus mimétique s'approprie de manière particulière le monde. C'est pourquoi un tel processus est résistant à la théorie et ouvert à une double historicité, relative d'un côté au devenir du corps organique réorganisé dans ses potentialités perceptives et cognitives par des prothèses non organiques, et de l'autre au devenir de l'objet, qui se virtualise en qualité d'image synthétique. Cela signifie que l'environnement du virtuel peut être lu comme un environnement relationnel, c'est-à-dire comme un ensemble comprenant des processus mimétiques, par son caractère intrinsèque de processus interne-externe, de construction d'espace intermédiaire; la notion de *mimesis* peut alors être un instrument d'interprétation de l'environnement virtuel et des interactions qui le constituent[2].

Dès les présocratiques, le «fait de se rendre semblable» (de reproduire, imiter, représenter), signification de l'acte mimétique, introduit en fait à une dynamique de synthèse non conciliatrice entre production de sens et fiction, entre croire et faire croire, entre être et faire être. Aujourd'hui, le corps virtuel est un produit, une chose ou un objet qui peut, fondamentalement, être confondu avec un objet analogue mais doté de caractéristiques différentes ; un tel analogon peut être l'objet de l'imitation, pour laquelle le corps virtuel peut constituer une fonction de mensonge ou de fiction trompeuse. Et pourtant comme objet virtuel il a des caractéristiques propres qui ne

1. G. Gebauer, Ch. Wulf, « *Mimesis* », *Enciclopedia of Aesthetics*, M. Kelly (dir.), Oxford, Oxford University Press, 1998, vol. 3, p. 238.

2. Sur ce point, Gebauer et Wulf ont un avis différent : pour eux l'avènement des mondes virtuels mène à définir la *mimesis* comme une chose du passé : « Quand la différence entre mondes mimétiques et empiriques se réduit, la réalité empirique perd son autonomie par rapport aux mondes interprétatifs mimétiques [...] Il n'y pas de réalité au delà des mondes interprétés et cités; la *mimesis* ne représente plus un monde autre. Elle devient une auto-illustration, une auto-présentation », in *Mimesis. Kultur-Kunst-Geschichte*, Reinbek, Rowohlt, 1992, p. 437.

peuvent être réduites au résultat d'une imitation qui produit une illusion, mais qui plutôt le configurent comme forme de modélisation mimétique, c'est-à-dire comme production d'un modèle symbolique fondé sur un isomorphisme relatif par rapport à son analogon. Donc, si toute classe mimétique possède une relation de ressemblance, c'est le rapport entre ressemblance et différence qui distingue de telles classes, si bien que les corps virtuels, en vertu de la particularité de ce rapport, constituent une classe propre. Du point de vue des propriétés esthético-artistiques du corps virtuel, que nous laissons indéterminées pour l'instant, on peut dire que la *mimesis* n'est pas bonne si elle est capable d'adhérer complètement au paradigme jusqu'à disparaître en lui, jusqu'à se résoudre en une participation complète ; et on ne peut dire non plus que l'alternative entre bonne *mimesis* (réaliste) et mauvaise *mimesis* (fantastique) soit définissable par l'abandon ou non de la conscience du caractère d'apparence de son être, c'est-à-dire de la conscience d'être *mimesis*, puisque le corps virtuel est en même temps copie et original, et en aucune manière contrefaçon de la vérité de l'original. Et si elle est constitution d'illusion, celle-ci n'a pas un rapport d'éloignement à la vérité. En d'autres termes le corps virtuel n'est pas une copie, même quand il a son origine dans des processus de captage en image synthétique de corps non virtuels, et ceci parce qu'il ne peut être compris en rapport avec ce qu'il représente. Son sens n'est pas la ré-identification de l'original, il ne se supprime pas lui même en qualité de moyen, il ne coïncide pas avec l'être-moyen, il n'existe pas pour se supprimer, mais pour se poser comme être doté d'une structure relationnelle particulière, capable d'ouvrir certaines possibilités inédites – perceptives, imaginatives, cognitives.

Même une peinture, du reste, semble entretenir un rapport particulier avec son éventuel être-copie ; même une peinture, comme n'importe quelle image analogique ou digitale, est une chose-image, donc, au sens plus ou moins large, mimétique. Nous pouvons par exemple réfléchir sur la valeur ontologique de l'image-peinture, entendue en termes simples et traditionnels comme forme représentativo-mimétique, et travailler à partir de la différence. Gadamer, comme on sait, en a proposé un modèle ontologique :

> Dans l'analyse du concept d'image, deux questions seulement nous importent. Nous nous demanderons d'abord à quel point de vue l'image-tableau (*Bild*) se distingue de l'image-copie (*Abbild*) (donc en fonction du problème de l'image-modèle (*Ur-bild*)) et ensuite quel est, a partir de là, le rapport qui unit l'image-tableau à son univers (*Welt*) [1].

Rappelons que l'analyse prend son départ dans la considération des processus mimétiques, des arts «destinés à passer», dans lesquels «le monde qui apparaît dans le jeu de la représentation n'existe pas indépendamment du monde réel, comme s'il en était une image-copie ; il est ce monde même dans la vérité plus intense de son être» [2]. Dans ces processus mimétiques il n'y a pas «tant copie que manifestation de ce qui était représenté. Sans la *mimesis* de l'œuvre, le monde n'existe pas tel qu'il existe en elle, et sans la reproduction l'œuvre, de son coté, n'existe pas» [3]. Concernant maintenant la peinture, au thème de la représentation s'ajoute celui de l'image qui inclut aussi la position d'un concept différent de *mimesis* : «le concept d'image-tableau dépasse le concept de représentation (*Darstellung*) employé jusqu'ici, et ceci par le fait qu'une image se rapporte essentiellement à son image-modèle» [4]. D'autre part, le gain obtenu ne se disperse pas, puisque même dans le cas de la peinture «on ne peut parler de la reproduction comme de l'être véritable de l'œuvre. Au contraire, en tant qu'original, le tableau récuse la reproduction» [5]. L'essence d'une peinture, en tant

1. H.G. Gadamer, *Vérité et Methode. Les grandes lignes d'une herméneutique philolosophique*, Paris, Seuil, 1976, p. 64.
2. *Ibid.*
3. *Ibid.*, p. 65.
4. *Ibid.*, p. 64.
5. *Ibid.*, p. 65.

qu'image, ne consiste pas dans l'être-copie, dans la fonction de renvoi, mais elle est plutôt la composition d'un lien avec le représenté qui respecte en même temps la ressemblance et la différence. Il s'agit d'un lien différenciant proprement esthétique, par lequel l'image se constitue en qualité d'être propre, comme être de représentation : « une telle image n'est pas une copie, car elle représente quelque chose qui sans elle ne se représenterait pas ainsi. Elle dit quelque chose de plus au propos du modèle »[1]. Le mouvement théorique suivant va alors au-delà de la revendication d'autonomie de l'image, pour affecter la dimension ontologique de l'original : « que l'image ait une réalité propre, implique en retour que le modèle accède par l'image à la représentation. Il s'y représente lui-même »[2]. Certes, l'original peut se dire de nombreuses manières, mais qu'il se soit manifesté dans *cette* image appartient désormais à son être : « toute représentation de ce genre est un processus ontologique et s'incorpore au statut ontologique du représenté. Par la représentation le modèle acquiert pour ainsi dire un surcroît *d'être*. La teneur propre de l'image est ontologiquement définie comme émanation du modèle »[3].

Or pour Gadamer le lieu d'élection, le paradigme de cette proposition, est l'image religieuse, en tant qu'elle semble posséder une « communion ontologique » avec ce qui est représenté ; mais selon l'avis de Gadamer, rien n'interdit qu'un discours analogue puisse s'appliquer aux choses-images mimétiques produite par les « techniques modernes », donc sans doute en premier lieu la photographie et l'image cinématographique : « même les techniques mécaniques modernes de l'image peuvent être employées avec art dans la mesure où elles extraient du modèle quelque chose qui n'est pas dans son aspect pur et simple »[4].

1. *Ibid.*, p. 67.
2. *Ibid.*, p. 68.
3. *Ibid.*
4. *Ibid.*, p. 67.

Je dirai que le corps virtuel accomplit un pas de plus, qui dans ses conséquences extrêmes l'apparente à une *mimesis* non imitative. Certes si l'on cherche à définir l'image comme rapport mimétique, on peut modifier le rapport original-copie en spéculant sur la valeur ontologique, sur l'autonomie et la subsistance de l'image comme *repraesentatio* : « car, rigoureusement parlant, on découvre que ce n'est que grâce à l'image (*Bild*) que l'image-modèle (*Urbild*) devient proprement image-original (*Ur-Bild*) ; autrement dit, ce n'est qu'en vertu de l'image que le représenté acquiert vraiment le caractère figurable (*Bildhaft*) »[1]. Mais, dans le cas du corps virtuel, l'être-chose n'est d'aucune manière séparable de l'être-image, par qui tend à se réduire, jusqu'à disparaître, l'idée de vicariance, de présence vicariante, propre au concept de *repraesentatio*. En revanche il tend à accentuer l'idée de puissance, qui, comme le note Gadamer[2], est inhérente à celle d'image. En fait, avant d'être image-de, l'image est puissance de signification, antérieure au signifié. Dans ce sens « Toute image est un accroissement d'être et est essentiellement déterminée comme *repraesentatio*, comme venue à la représentation »[3], mais une telle augmentation ontologique dans le corps virtuel, *synôlon* chose-image ou structure chose-image, appartient seulement en seconde instance au représenté, et en première instance à l'environnement virtuel. En réalité, si le corps virtuel est mimétique, il l'est comme n'importe quel processus de mise en forme : en tant que corps il se représente lui-même, il n'est donc pas représentation mais apparition, et en même temps en tant qu'image il est représentation. Notons qu'à la différence d'une peinture ou d'autres images analogiques, on ne peut distinguer ici la chose dans la forme par exemple abstraite du support de l'image, non parce qu'aucune structure matérielle n'est identifiable, mais parce que le

1. H.G. Gadamer, *Vérité et Methode*, p. 69.

2. « Il semble établi que l'ancien allemand *bilidi* signifie d'abord constamment "puissance" » (*ibid.*, p. 70).

3. *Ibid.*, p. 77.

corps-image se phénoménalise, advient comme corps, apparaît dans son support, dans l'interaction. Il n'existe pas, comme tel, avant ou après celle-ci, il ne possède pas une permanence autonome en qualité de *synôlon* matière-forme, ou comme expression significative. La réception n'advient pas seulement comme interprétation, ou position de sens, mais elle est constitutive de l'être corps de l'image. À présent supposons que ce rapport de réception nous renvoie à ce qui, dans un certain système de valeur, est une œuvre d'art, et ce à l'intérieur d'une tradition. Nous devrons alors penser la jouissance esthétique en la privant de la *distance*, qui a conditionné une forme intéressante de la valeur artistique, et penser la réception plutôt dans la dimension de l'aspiration, de l'entrée de l'utilisateur dans le corps de l'œuvre et en même temps de l'œuvre dans son corps, ou dans son imaginaire. Ce qui implique l'accentuation de la dimension pathique et panique de la relation : faire corps avec l'œuvre qui subit l'effet de ma présence, et qui à travers la mutation produite par ce subir, modifie mon sentir. À présent, on pourrait lire certaines œuvres comme des approximations de cette idée limite, et illustrer comment cette idée acquiert une force d'attraction en revenant sur la poétique de certains artistes, qui sont toujours des auteurs collectifs. Je me limite à des exemples très connus : *Omosi* (1995) de Charlotte Davies[1], un espace qu'Oliver Grau a défini comme *a non-cartesian space*, dans lequel on se déplace grâce à des prothèses appropriées, par la respiration (« pour monter, inspirez, pour descendre, expirez ») qui a suscité un ample débat que nous pouvons retrouver dans la belle description de Pierre Lévy :

> Vous pénétrez au ralenti dans le monde où vous êtes appelés à naître, traversant des couches de codes informatiques semblables à des nuages, puis des vents de mots et de phrases, pour atterrir

1. Sur *Osmosi*, *cf.* l'analyse soignée de O. Grau, *Virtual Art. From Illusion to Immersion*, p. 193-202 ; *cf.* aussi M. Heim, *Virtual Realism*, p. 162-167. L'œuvre ultérieure de Davies, *Ephémère* (1998), est également importante car elle permet, entre autre, de "pénétrer" dans le corps et dans les organes.

finalement au centre d'une clairière. À partir de ce maintenant, vous dirigez vos mouvements. Maladroitement d'abord, puis avec plus d'assurance, vous expérimentez une étrange façon de vous déplacer. Prenant une grande inspiration, vous vous élevez au-dessus de la clairière. Des animaux semblables à des lucioles, qui dansaient aux abords de la forêt, viennent vous faire escorte. Un étang couvert de nénuphars et d'étranges plantes aquatiques brille sous votre regard. Ce monde est doux, organique, dominé par une végétation omniprésente. En vous penchant, vous vous dirigez vers un grand arbre qui semble constituer l'axe de la clairière sacrée. Surprise : au moment où vous entrez en contact avec l'écorce de l'arbre, vous pénétrez dans l'aubier et, comme si vous étiez une molécule douée de sensations, vous empruntez les canaux qui portent la sève. En vous attachant à inspirer fortement, vous montez à l'intérieur de l'arbre, jusqu'à en atteindre la frondaison. [...] Vous êtes maintenant tout près de la surface de l'étang où les reflets et les jeux de lumière vous retiennent un moment. Puis vous franchissez la surface de l'eau. Un poisson aux nageoires ondulantes vous accueille dans le monde aquatique [...] [1].

Concernant la substance pathique de l'art interactif, les installations de Studio azzuro sont par ailleurs très intéressantes, à partir des *Tavoli (perché queste mani mi toccano?)* de 1995, jusqu'au moins *Le zattere dei sentimenti* de 2002. Voici la description des *Tavoli* donnée par Andrea Balzola :

> Six tables de bois disposées dans un lieu obscur sont « dressées », avec projection d'images vidéo : des images domestiques comme une chandelle, des mains qui préparent une nappe, une femme corpulente, un bol, du pain [...] Les visiteurs sont invités à toucher quelques surfaces, mais ils vivent une expérience singulière et déstabilisante : sont-ils en train de toucher la matérialité de la table [les six tables sont en bois] ou bien la non-matérialité des figures qui l'occupent ? L'action de toucher provoque (au moyen d'un système

1. P. Lévy, *Cyberculture*, Paris, Odile Jacob, 1997, p. 45-46.

de capteurs invisibles) un micro événement : le pain est enlevé, la chandelle met le feu à la table, la femme glisse de la table etc. [1].

Les *zattere dei sentimenti* sont bien, comme l'affirme Studio azzuro [2], un «*journey of feelings*» dans lequel les spectateurs ont la possibilité, en touchant de différentes manières des tables interactives auxquelles les naufragés désespérés tentent de s'agripper, d'aider ou empêcher le sauvetage des images.

Même une œuvre d'art quelconque est telle seulement à travers sa réception et son interprétation ; ceci concerne la sphère du signifié et de sa définition, certainement multiple et tendant à l'infini. Mais, en dehors de cette relation, reste la simple chose, comme disponibilité, comme *présence* potentiellement à portée de main dotée de certaines qualités phénoménales abstraitement énumérables. Le corps virtuel, lui, émerge comme tel seulement dans l'interaction. C'est pourquoi il n'a pas une essence de simulacre. En se présentant il représente et remet en jeu un sens non imitatif de la *mimesis*. Mais pour le comprendre il serait opportun, avant de reprendre la question du sens de la *mimesis* et de la représentation, d'examiner rapidement la question du simulacre et donc de l'image.

représentation ?

Comme on s'en souvient, j'ai affirmé que l'image digitale n'est pas simplement image-de [3], autrement dit *mimesis* d'une chose ou d'une image, et c'est pourquoi elle n'a pas une essence de simulacre ; du reste, disait-on, elle n'est ni une icône ni une image originale, mais elle est plutôt à entendre comme une forme génético-relationnelle particulière. C'est pourquoi l'image digitale, au moins dans sa caractérisation la plus forte, n'est pas à proprement parler une

1. A. Balzola, A.M. Monteverdi, *Le arti multimediali digitali*, Milano, Garzanti, 2004, p. 472.
2. Comme on peut lire dans leur site www.studioazzurro.com.
3. Jean-Clet Martin approfondit cet aspect de l'image digitale dans son *Essai sur la construction du monde*, Paris, Kimé, 1997.

« image » mais un « corps-subtil », une entité hybride objet-image, et son apparence, son exister-comme image est par essence interactif. Je suis en train de chercher à justifier ces observations avant tout dans leurs effets par rapport à certaines catégories classiques de l'esthétique, comme justement la représentation, la *mimesis*, le simulacre.

Mais le corps virtuel possède une complexité singulière et une nature paradoxale lorsqu'il est entendu comme représentation. En quel sens, en réalité, pouvons-nous entendre ici le terme *représentation* ?
Si nous essayons de réfléchir sur la nature de la représentation, nous trouvons certainement chez Nelson Goodman la critique la plus radicale de la représentation comme ressemblance, ou comme renvoi justifié par la ressemblance, selon une relation signe-dénotation. Pour Goodman, même la simulation réaliste

> n'est pas affaire d'un quelconque rapport constant ou absolu entre une image et son objet mais d'un rapport entre le système de représentation employé dans l'image et le système servant de norme [...] En résumé, la représentation réaliste ne repose pas sur l'imitation, l'illusion ou l'information, mais sur l'inculcation. Toute image, ou peu s'en faut, peut représenter à peu près n'importe quoi ; c'est-à-dire que, étant donnés une image et un objet, il existe d'ordinaire un système de représentation, un plan de corrélation, relativement auquels l'image représente l'objet [...] Si la représentation est une question de choix, et la correction une question d'information, le réalisme est affaire d'habitude (*matter of habit*) [1].

La position de Goodman, qui s'apparente, comme on le sait, à un conventionnalisme, un constructivisme et en fin de compte

1. N. Goodman, *Langages de l'art. Une approche de la théorie des symboles*, Paris, Hachette, 2008, p. 63. Voir comme prémisse de ce qui suit le paragraphe *Representation-as*, p. 27-30.

à un nominalisme radical[1], évalue la différence entre systèmes symboliques au moyen d'une théorie qui distingue les dépictions ou représentations graphiques et picturales, des descriptions linguistiques et des représentations musicales, comme différence entre des systèmes non-notationnels et des systèmes notationnels, différence qui à son tour s'appuie sur la différence entre discret et continu, ou digital et analogique. Par ailleurs, pour Goodman les conditions syntaxiques, de disjonction syntaxique, de différenciation syntaxique finie ou articulée, propres à un schéma symbolique notationnel, si elles se mettent en corrélation avec un champ de référence permettant son interprétation sémantique, donnent lieu à un système symbolique, qui à son tour est notationnel s'il satisfait les conditions sémantiques de non ambiguïté, disjonction sémantique et différenciation sémantique finie. Selon l'avis de Goodman, un schéma symbolique notationnel est une syntaxe, donc un ensemble de caractères discrets, c'est-à-dire séparés et discontinus, qui, une fois corrélé à un champ de référence isolé de la même manière (de sorte que chaque caractère isole son objet et inversement), donne lieu à une sémantique notationnelle : par exemple une partition musicale qui est telle qu'elle permet une exécution privée d'options. Il est clair qu'il s'agit là d'une idée-limite ; la difficulté de cette proposition consiste dans le fait de trouver des illustrations qui permettent la connexion entre syntaxe et sémantique, ou entre schéma et système notationnel.

Dans cette théorie les langages naturels sont évidemment des *schémas* syntaxiques et non des *systèmes* syntaxiques, mais le langage informatique apparaît comme un élément intéressant, à approfondir. Notons qu'il n'est pas essentiel que les caractères du système soient des chiffres (*digits*) ; il est essentiel en revanche qu'un schéma digital soit complètement discontinu et que ses caractères soient corrélés

1. J'ai exposé ce qui me semble être en substance le sens de l'extraordinaire travail philosophique de Goodman dans l'article *Costruzionismo prospettico : Nelson Goodman*, « Oltrecorrente. Rivista di filosofia », 2, 2000, p. 51-60.

biunivoquement aux classes de congruence d'un système également discontinu ; en outre il est nécessaire que le système soit complètement différencié, syntaxiquement ou bien sémantiquement. De là le caractère défini et la répétitivité que peuvent offrir les instruments digitaux. Maintenant, une image digitale qui ne serait pas *proprement* modifiable par l'interaction, qui ne serait pas proprement interactive, pourrait illustrer l'interprétation sémantique d'un schéma symbolique. Nous aurions ainsi la possibilité de clarifier, au-delà de n'importe quel processus de ressemblance, la différence entre une image analogique et une image digitale, même quand paradoxalement l'image digitale « représente » l'image analogique, ou bien a le même « contenu ». L'image digitale serait alors une représentation qui n'est pas dépiction mais description, au contraire de la peinture qui n'est pas un schéma symbolique notationnel, mais plutôt un schéma syntaxiquement dense, en tant qu'il permet une scansion finie de l'échelle des valeurs qui lui appartiennent. En d'autres termes la surface dépeinte est un *continuum* potentiellement infini de caractères tels qu'ils ne permettent pas une différenciation sémantique finie. D'où certaines conséquences générales concernant la différence description-dépiction et la peinture comme système représentatif, ainsi que d'autres spécificités qui intéressent le virtuel. Se voit d'abord confirmé le refus de la ressemblance comme critère distinctif entre représentation et description, différence qui n'a aucune pertinence ontologique :

> Les descriptions se distinguent des dépictions non pas parce qu'elles sont plus arbitraires, mais en raison de leur appartenance à des schémas articulés plutôt qu'à des schémas denses ; et les mots sont plus conventionnels que les images, seulement si l'on interprète la conventionalité en termes de différenciation plutôt que d'artificialité. Rien ne dépend ici de la structure interne d'un symbole ; car ce qui décrit dans certains systèmes peut dépeindre dans d'autres. La ressemblance disparaît en tant que critère de représentation, et la

> similarité structurale en tant que réquisit pour un langage notationnel ou tout autre langage [1].

Et à son tour une telle «disparition de la ressemblance» implique une uniformité structurelle entre des systèmes symboliques syntaxiquement denses, comme un diagramme graphique ou une peinture : à une différence structurelle entre description et dépiction correspond une différence seulement de degré entre dépictions : «bien que le schéma imagé et ce diagramme aient en commun de ne pas être articulés, certains traits qui sont constitutifs dans le schéma imagé sont rejetés comme contingents dans le schéma diagrammatique; dans le schéma imagé, les symboles sont relativement *saturés* (*replete*)» [2].

C'est donc seulement le degré de saturation syntaxique qui fait la différence entre les systèmes sémantiquement denses, et ceux, disons, plus représentationnels. Tout ceci finalement porte à reconnaître

> l'entière relativité de la représentation et la possibilité de représenter par des choses autres que des images. Des objets et des événements, visuels et non visuels, peuvent être représentés par des symboles visuels ou non visuels. Les images peuvent fonctionner comme représentations dans des systèmes très différents de celui que nous avons coutume de considérer comme normal; des couleurs peuvent tenir lieu de leurs complémentaires ou de grandeurs, la perspective peut être renversée ou autrement transformée, et ainsi de suite. D'autre part, lorsqu'on prend des images pour de simples points de repère [...], ou qu'on les utilise comme symboles dans un autre schéma qui est articulé, elles ne fonctionnent pas comme des représentations [3].

1. N. Goodman, *Langages de l'art*, p. 274.
2. *Ibid.*, p. 273.
3. *Ibid.*, p. 274-275.

Tout ceci libère la notion de représentation de celle de figuration du monde, de toute conception pauvre de *mimesis*, de l'idée de copie et donc de simulacre, et ouvre l'espace de la construction symbolique de mondes, allant jusqu'à inventer une idée nouvelle de la synesthésie multimédiale.

Et pourtant les conséquences impliquées par la considération de l'image digitale et, comme nous le verrons, du corps virtuel, poussent à croire que les choses ne sont pas si simples. Nous avons exclu que la relation entre image analogique et image digitale puisse se fonder sur un rapport de ressemblance, sur un rapport perceptif ou un donné phénoménal ; Goodman est très clair à ce sujet, et il montre bien comment un diagramme peut être de type soit analogique soit digital : bien que l'on puisse apparemment les assimiler, « en raison de leur aspect imagé et du contraste avec les commentaires mathématiques ou verbaux »[1], à des exemplifications analogiques, pourtant « nous devons nous rappeler que la distinction significative entre le digital ou notationnel et le non-notationnel, l'analogique inclus, dépend non de quelque vague notion d'analogie ou de ressemblance, mais des réquisits techniques fondamentaux pour un langage notationnel »[2].

Maintenant si cela implique que « la distinction, souvent soulignée, entre signes iconiques et non iconiques, devient fugace et triviale »[3] et s'il faut admettre « l'entière relativité de la représentation et la possibilité de représenter par des choses autres que des images »[4], alors on devra admettre aussi, inversement, que la description soit faite avec des images, comme dans le cas de l'image digitale. Non seulement les images pourront fonctionner comme des représentations dans des systèmes très différents de ce que nous « avons coutume de considérer comme normal », mais aussi dans des systèmes de description différents de ceux auxquels nous sommes

1. N. Goodman, *Langages de l'art*, p. 205.
2. *Ibid.*, p. 206.
3. *Ibid.*, p. 274.
4. *Ibid.*, p. 274-275.

habitués. Nous pourrons ainsi avoir un véhicule symbolique de «l'art», pour ainsi dire, figuratif, non syntaxiquement dense. On pourrait néanmoins se demander si à l'évidence nous ne sommes pas en train de forcer à l'excès le langage de la théorie ; dans la théorie de la notation proposée par Goodman, la dépiction peut-elle vraiment être rapprochée de la description ? Le critère de distinction est précis : un symbole peut fonctionner comme une représentation s'il appartient à un schéma représentationnel, et un tel schéma doit être syntaxiquement dense. Les choses se compliquent encore si l'on considère le corps virtuel comme un corps-image digitale ou un hybride corps-image : il s'agit, comme nous le savons, de la phénoménalisation d'un algorithme de forme binaire, c'est-à-dire d'un schéma symbolique syntaxiquement différencié, et cela concerne l'environnement d'une expérience d'exemplification, qui regarde des propriétés exprimées et pas simplement dénotées. Mais il n'est pas possible dans ce cas de répéter la relation existant entre la partition et l'exécution, d'abord parce que le corps virtuel est aussi une image, et que donc il figure, mais surtout parce que dans notre cas l'interaction intervient, ou peut intervenir, sur la partition. Or on remarquera que l'interaction constitutive de l'être-événement est une interaction entre discret et continu, donc entre un système, pour ainsi dire, analogique, un complexe esprit-corps doté de prothèses, et un algorithme tel qu'il sature la perception; c'est pourquoi le corps virtuel me semble difficilement lisible dans les termes de la théorie de la notation de Goodman, ce qui tend à prouver la particulière nouveauté du corps virtuel. Cela n'implique pas frontalement de rejeter une telle théorie, ses présupposés et ses conséquences ; mais son extension à la compréhension du corps virtuel semble difficile. Du reste, un art virtuel ne serait interprétable ni comme autographique ni comme allographique, parce qu'il *dépend* intrinsèquement et en même temps *ne dépend pas* intrinsèquement d'une notation, sans compter que la fameuse théorie des «symptômes de l'esthétique», qui même chez Goodman ne prétend pas à l'exhaustivité, devrait être modifiée.

Certes Goodman nous a beaucoup appris : il a bien montré comment ce que nous appelons le « monde » se déroule toujours dans le cadre de conceptions complexes :

> Il n'existe pas d'œil innocent. C'est toujours vieilli que l'œil aborde son activité, obsédé par son propre passé et par des insinuations anciennes et récentes de l'oreille, du nez, de la langue, des doigts, du cœur et du cerveau. Il ne fonctionne pas comme un instrument solitaire et doté de sa propre énergie, mais comme un membre soumis d'un organisme complexe et capricieux. Besoins et préjugés ne gouvernent pas seulement sa manière de voir mais aussi le contenu de ce qu'il voit. Il choisit, rejette, organise, distingue, associe, classe, analyse, construit. Il saisit et fabrique plutôt qu'il ne reflète ; et les choses qu'il saisit et fabrique, il ne les voit pas nues comme autant d'éléments privés d'attributs, mais comme des objets, comme de la nourriture, comme des gens, comme des ennemis, comme des étoiles, comme des armes [1].

Analyser l'ancienneté de l'œil, de l'oreille, de la main, aborder la densité des mondes symboliques particuliers et clarifier les équivoques affectant la fonction symbolique des arts qui dépendent substantiellement de l'usage d'une notion ingénue de ressemblance, ou d'une corrélation entre représentation et ressemblance – tout ceci n'est que le point de départ d'une opération dont le but est celui d'apprendre à construire des mondes symboliques. C'est pourquoi Goodman a défendu de manière articulée une épistémologie refusant de séparer perception et conceptualisation, et donc observation et théorie ; un tel refus de la priorité épistémologique des *Elementarelebnisse* était inséparable d'un refus tout aussi net de l'*a priori*. Cela veut dire que les systèmes formels « peuvent être fondés sur de nombreuses bases différentes et construits de différentes

1. N. Goodman, *Langages de l'art*, p. 36-37.

manières»[1], puisque la référence sensée à un monde est toujours caractérisée par un système de description ou de figuration. Sur cette base, même des systèmes incompatibles, comme ceux des physicalistes et des phénoménistes, «ne sont pas nécessairement en conflit entre eux, mais ils peuvent être vus comme des réponses à des problèmes différents»[2]. Maintenant, soutenir que les affirmations ontologiques ne sont vraies qu'en rapport avec la manière dont elles construisent leurs objets, donc avec des «façon de voir» le monde, cela ne veut pas dire proposer une réduction subjective de la vérité, mais plutôt en compliquer la logique, et en étager les niveaux : l'être des mondes, leur vérité, est plurielle, et donc de nombreux mondes, et non un seul, sont vrais, à différents niveaux de complexité constructive. Goodman conçoit une telle ouverture comme un relativisme ontologique qui non seulement rende compte du fait que le monde soit autre que sa construction, mais surtout que la construction soit autre que le monde. Le pluralisme méthodologique, il me semble, n'équivaut pas au relativisme ontologique, et son problème n'est pas celui de la référence, mais plutôt celui de la distinction entre différentes valeurs de vérité des versions du monde. En somme Goodman se contente de montrer que la référence au monde se révèle sensée seulement à l'intérieur d'un système symbolique, sachant qu'évidemment, des systèmes symboliques différents, et même incompatibles entre eux par rapport à l'intérêt et au problème qu'ils veulent affronter, peuvent être bien construits. Cela pousse ultérieurement à l'analyse de la spécificité des mondes symboliques qui apparaissent avec leur nouveauté dans l'horizon de nos expériences ; et si les interprétations rendues possibles par les systèmes symboliques donnés ne se révèlent pas suffisamment explicatives par rapport à cette nouveauté, cela témoigne seulement de l'historicité de l'expérience et de ses lectures.

1. N. Goodman, *La structure de l'apparence*, trad. P. Livet *et al.*, Paris, Vrin, 2004, p. 17.
2. *Ibid.*, p. 102.

simulacre ?

Le fait que les images produites par les nouveaux media soient à entendre comme des simulacres est une théorie connue et intéressante qui permet une lecture de la complexité du contemporain. Elle a des précédents chez Lippmann, qui déjà dans les années vingt construisait la catégorie de *pseudo-environnement*, environnement mixte de réalité et d'image dans laquelle l'acteur social se trouve immergé et joue ses rôles propres ; elle a connu un développement significatif avec Boorstin au début des années soixante-dix, quand le pouvoir envahissant des média semblait désormais dissoudre la réalité sociale et informative, transformant les événements traversés par elle en *pseudo-événements*, véritables productions médiatiques ayant avant tout pour but la satisfaction de leurs propres finalités intrinsèques. Ensuite la notion-cadre de simulacre a permis d'interpréter le caractère envahissant de l'image médiale et les processus corrélatifs d'esthétisation de la réalité. À présent « Le simulacre n'est pas une image picturale qui reproduit un prototype externe, mais une image effective qui dissout l'original » [1], il appartient donc à sa connotation une théorie de l'origine et de l'origine médiatisée, de sa représentation ; d'où l'apparition, dans la discussion sur les processus de spectacularisation, d'une problématique théologique et métaphysique [2]. Le simulacre serait en ce sens une notion qui permet de dépasser aussi bien la dimension de l'iconoclastie, que celle de l'iconophilie, liées toutes deux dans une certaine mesure à une recherche de l'archétype. Même dans la demande ou pour le moins dans l'attente d'une image-réalité médiatique, réaliste au point de s'identifier à la réalité, même dans la critique de la manipulation médiale, c'est-à-dire de la constitution selon les dispositifs hyper-réalistes, fidèles à une hyper-réalité pré-imaginée, on célèbrerait

1. M. Perniola, *La società dei simulacri*, Bologna, Cappelli, 1983, p. 20.

2. Comme l'a bien vu M. Perniola, *cf.* le chapitre « *Icone, visioni, simulacri* », in *La società dei simulacri*.

une métaphysique souterraine de l'origine, un culte de l'original non dissemblable du culte de l'icône. Le simulacre au contraire « n'est pas une icône, ni une vision : il n'a pas de rapport d'identité avec l'original, avec un prototype, il n'implique pas non plus la lacération de toutes les apparences et la révélation d'une pure vérité substantielle. Le simulacre est une image privée de prototype, l'image de quelque chose qui n'existe pas »[1].

C'est pourquoi le simulacre est un « quasi-rien », un synonyme d'idole comme tel condamnable autant par les iconophiles que par les iconoclastes, parce que « pour eux le fait de fixer une juste ligne de démarcation entre vraies et fausses images, entre icônes et idoles, a constitué une prémisse essentielle, une garantie d'identité »[2]. Le *simulacre* dit alors le dépassement d'une tradition qui parle de l'idée et de la copie sensible de l'idée, et ouvre à une historicité intrinsèque de l'image, affranchie de l'hypothèque métaphysique, du renvoi à la dignité de l'archétype[3]. Le simulacre du reste ne devient pas non plus lui-même un original, assumant la prétention d'autonomie de l'œuvre d'art. Celle-ci, en se définissant comme en soi original et donc méta-historiquement valide, ne fait que déplacer l'accent, en se maintenant à l'intérieur d'une théorie du renvoi.

> Le concept de simulacre implique en revanche autant le refus d'un prototype externe que le refus de la tentation de considérer l'image comme un prototype : celui-ci est par conséquent connecté aux techniques de reproduction industrielle de l'image [...] Le concept de simulacre, entendu comme construction artificieuse privée d'original et inapte à constituer, comme l'œuvre d'art elle-même, un original, trouve les conditions de sa pleine réalisation dans les *mass média* contemporains[4].

1. *Ibid.*, p. 121-122.
2. *Ibid.*, p. 122.
3. La façon dont Perniola développe cette thèse, à travers Ignace de Loyola et Bellarmin, pointant un aspect important de l'humanisme jésuite, est intéressante.
4. *Ibid.*, p. 127-128.

A la lumière de ces développements, on comprend combien la notion de simulacre peut être un schéma interprétatif puissant; pour autant, le simulacre, l'image sans identité, l'image qui ne possède pas d'originalité autonome, une telle image ne peut se proposer, finalement, que comme négation de l'originalité, et à partir de ce trait négatif assumer le caractère de fiction, même sans nihilisme. Même dans la version de Baudrillard qui pointe la connexion simulacre-simulation[1], pour distinguer le simulacre de la représentation relativement au mythe de l'origine, le trait négatif demeure :

> Telle est la simulation, en ce qu'elle s'oppose à la représentation. Celle-ci part du principe d'équivalence du signe et du réel (même si cette équivalence est utopique, c'est un axiome fondamental). La simulation part a l'inverse de l'*utopie* du principe d'équivalence, part *de la négation radicale du signe comme valeur*, part du signe comme réversion et mise à mort de toute référence. Alors que la représentation tente d'absorber la simulation en l'interprétant comme fausse représentation, la simulation enveloppe tout l'édifice de la représentation lui-même comme simulacre[2].

C'est pourquoi le simulacre n'est pas un masquage ou une dénaturation de réalité, il n'est pas un masquage de l'absence de réalité, mais il est une privation de rapport avec toute réalité. Même dans cette connotation précise et extrême se manifeste un reste, le processus de la négation qui fait précipiter le simulacre dans la relation dialectique avec l'origine, et donc dans un processus symbolique : pour ne pas restaurer une métaphysique de la différence entre monde vrai et monde apparent, cette pesanteur de l'origine sera repoussée indéfiniment en arrière, selon un processus mimétique typique d'éloignement. En fin de compte, si, par simulacre, on

1. *Cf.* sur ce point Régis Débray : avec l'image "infographique" « *La simulation abolit le simulacre*, levant ainsi l'immémoriale malédiction qui accouplait *image et imitation* », dans *Vie et mort de l'image. Une histoire du regard en Occident*, Paris, Gallimard, 1992, p. 301 ; voir également, p. 300-308.
2. J. Baudrillard, *Simulacres et Simulation*, Paris, Galilée, 1981, p. 16.

entend un rapport mimétique ou de ressemblance dans lequel l'original se retire à l'infini (et il me semble que ce processus est alors interne à la notion et intrinsèque à la signification du terme), alors la structure du simulacre est construite sur la structure de la *mimesis* : un renvoi privé d'original certes, mais dans lequel l'origine ou le modèle demeurent comme absents, sans réel, comme on l'a déclaré, annulation de l'idée d'origine et de relation à l'origine comme modèle.

Il me semble du reste que ce point n'a pas échappé à Baudrillard, comme on peut le lire dans l'évolution de sa pensée. Au départ, comme nous l'avons vu, la notion de simulacre émerge de celle de simulation entendue comme ce qui gouverne les relations d'échange, de production et de consommation à travers l'élision de la réalité : un échange de signes entre eux, sans que, dans l'échange, «quelque chose de réel» intervienne[1]. Dans cette phase de la production théorique la valeur est à la fois posée et annulée dans l'échange en tant que «symbolique», selon une relation réversible à l'infini dans laquelle le symbolique n'est ni un concept, ni une instance, ni une catégorie, ni une structure, mais un acte d'échange et un rapport social qui met fin au réel, qui dissout le réel et en même temps l'opposition entre le réel et l'imaginaire[2]. Comme on le sait, la difficulté de la notion paradoxale d'échange symbolique, impossible à penser dans sa charge déstructurante à cause de son glissement entre sauvegarde de la subjectivité et destruction de la subjectivité, est ensuite supplantée par la notion de séduction, définie comme une production stylistique de l'apparence pour laquelle «*séduire, c'est mourir comme réalité et se produire comme leurre*»[3]. Mais dernièrement, après avoir exploré le territoire de la séduction, Baudrillard, dans une tentative ultérieure et inépuisable d'échapper aux copies conceptuelles typiques de la tradition philosophique, approfondit la notion d'illusion, presque

1. *Cf.* J. Baudrillard, *L'échange symbolique et la mort*, Paris, Gallimard, 1976, chap. I.
2. *Ibid.*, chap. V.
3. J. Baudrillard, *De la séduction*, Paris, Galilée, 1979, p. 98.

comme un résidu ou une résistance à la virtualisation de la réalité. Ce qui nous intéresse à présent c'est un trait bref et spécifique de cette critique (certainement non assimilable au situationnisme de Debord), de la société vivant dans l'« extase de la communication » :

> La virtualité est autre chose que le spectacle, qui laissait encore place à une conscience critique et à une démystification. L'abstraction du « spectacle », y compris chez les Situationnistes, n'était jamais sans appel. Tandis que la réalisation inconditionnelle, elle, est sans appel. Car nous ne sommes plus aliénés, ni dépossédés : nous sommes en possession de toute l'information. Nous ne sommes plus spectateurs, mais acteurs de la performance, et de plus en plus intégrés à son déroulement. Alors que nous pouvions affronter l'irréalité du monde comme spectacle, nous sommes sans défense devant l'extrême réalité de ce monde, devant cette perfection virtuelle [1].

Il est clair que la notion de virtuel ici mise en scène, a une signification très ample et indique un processus global d'absorption médiale de la réalité. Il s'agit de la médiation substitutive rendue possible par la haute définition :

> Le concept clef de cette Virtualité c'est la Haute Définition [...] Partout la Haute Définition marque le passage, au-delà de toute détermination naturelle, vers une formule opérationnelle – « définitive » précisément –, vers un monde ou la substance référentielle se fait de plus en plus rare [...] L'image de haute définition. Rien à voir avec la représentation, encore moins avec l'illusion esthétique. Toute l'illusion générique de l'image est anéantie par la perfection technique. Hologramme ou réalité virtuelle ou image tridimensionnelle, elle n'est plus que l'émanation du code digital qui la génère. Elle n'est plus que la rage de faire qu'une image ne soit plus

1. J. Baudrillard, *Le crime parfait*, Paris, Galilée, 1995, p. 47. La *Postface* de Gabriele Piana de la traduction italienne, *Il delitto perfetto*, (Milano, Cortina, 1996) clarifie bien l'évolution de la pensée de Baudrillard.

> une image, c'est-à-dire justement ce qui ôte une dimension au monde réel[1].

Il est clair à présent que cette position s'appuie sur la dichotomie réel-virtuel, et sur une notion d'image d'origine sartrienne, comme processus de déréalisation, et donc ouverture de liberté qui présuppose une prise de distance du réel, possible seulement en posant la différence réel-imaginaire. D'autre part la théorie, je dirai l'espérance théorique, exposée dans le *Crime parfait*, est partageable à cause de sa portée critique, et peut s'assimiler si on élimine le dualisme implicite qui la soutient. Cette opération aborde le résultat spéculatif de la théorie; *non*, comme l'écrit Baudrillard, une élimination par l'intermédiaire du virtuel de la réalité, de la référencialité, de l'altérité : «*celle du monde, qu'on efface par la Réalité Virtuelle [...] Plus illusion : l'hyper-réalité, la Virtual Reality*»[2], *mais plutôt*, justement, le contraire : l'enseignement du corps-image virtuel au niveau ontologique, c'est la découverte de la réalité comme un régime d'illusion et vice versa, la circularité de la réalité et de l'illusion, ou la vérité du secret de l'illusion : «s'il y a un secret de l'illusion, c'est de prendre le monde pour le monde, et non pour son modèle. C'est de rendre au monde la puissance formelle de l'illusion, ce qui est tout un que de redevenir, de façon immanente "une chose parmi les choses"»[3].
Cependant parvenir à affirmer le pouvoir de l'illusion comme ouverture de mondes dans le monde et comme propriété distinctive du virtuel, exige un parcours plutôt long. Pour l'heure, voici un gain sur lequel nous pouvons provisoirement nous reposer : pour autant que les images digitales échappent à la dynamique mimétique, elles n'ont pas une essence de simulacre. Peut-être est-il possible d'atteindre le même objectif en accentuant les rapports simulacre-communication et virtuel-perception, par lesquels le corps virtuel en

1. *Ibid.*, p. 51.
2. *Ibid.*, p. 155-156.
3. *Ibid.*, p. 129.

tant qu'artificiel est identifié par «une technologie qui la première, de façon explicite et programmatique, a compris que l'expérience n'est pas expérience de la réalité mais expérience du rapport avec la réalité. Sa nouveauté réside dans le fait d'être le premier médium qui ne communique pas des messages mais des perceptions du monde»[1].

On peut soutenir alors à partir de cette considération que

> les théories du simulacre observent la capacité des médias à produire un certain type de réalité extra-médiale en suivant les exigences de leur communication propre. Dans une version radicale comme celle de Baudrillard, elles affirment même que cette pseudo-réalité ou néo-réalité tend à se substituer à la réalité véritable, jusqu'à l'éliminer et l'effacer. Mais en premier, la nature de la pseudo-réalité électronique est celle d'une expérience réelle, c'est-à-dire d'une réalité neuve qui ne se superpose pas ou ne s'interpose pas entre le sujet et une présumée « autre » réalité, mais qui contribue plutôt à faire partie de l'environnement et du vécu du sujet[2].

Cependant il s'agit maintenant de suivre un double mouvement d'approfondissement, nécessairement circulaire dans l'exposition – l'un dirigé vers l'image, l'autre vers le concept de virtuel –, pour en montrer ensuite l'enchevêtrement dans la spécificité du corps-image virtuel.

1. P. Vidali, *Esperienze e comunicazione nei nuovi media*, *in* G. Bettini, F. Colombo (a cura di), *Le nuove tecnologie della comunicazione*, Milano, Bompiani, 1998, p. 306.

2. F. Colombo, *Ombre sintetiche. Saggio di una teoria dell'imagine elettronica*, Napoli, Liguori, 1995, p. 56-57.

chapitre 4

vers l'image

Le concept de simulacre reste tributaire d'une structure mimétique de l'image pour laquelle l'image est dépendante ontologiquement d'un autre que soi ; elle est toujours pensée comme image *de* ; être image c'est être *à* l'image d'un autre. S'il en est ainsi, il s'agira alors de comprendre plus avant quels sont les modes du renvoi, de la ressemblance ou de la dissemblance, de la représentation, de la référence, du rapport avec le modèle, au modèle ou du modèle. Se pose alors la question : est-il vrai dans tous les cas que l'être de l'image n'est pas originel ? Est-il vrai que « l'image est toujours inséparable d'une compréhension en termes de filiation »[1] ? Pour rencontrer l'image, pour en saisir le sens, doit-on toujours réaliser un parcours cognitif qui conduit à la découverte de son origine, pour atteindre la nature, l'idée, le divin, toutes les formes originales des choses indépendantes du fait d'être connues par des images, pour atteindre le monde, en somme, soit l'hyper-ouranos, soit cette belle famille faite d'herbes et d'animaux, soit l'inconscient inconnaissable, sinon dans ses figures ? Dans ce cas, l'image serait une réalité qui sort d'elle-même et se fait autre qu'elle même, qui altère sa forme, pour ainsi dire, et la naissance de l'image se réduirait à une affaire de parenté qui peut être comprise ou non comme un éloignement ou une aliénation, ou bien comme une manifestation de sens et une exposition de richesse ; et pourtant elle demeurerait inévitablement symbolique, reconnaissance d'une unité perdue depuis toujours.

1. J.J. Wunenburger, *Philosophie des images*, Paris, P.U.F., 1997, p. 153.

Mais bien évidemment, tout ceci doit avoir une cause : pourquoi le dédoublement a-t-il lieu avec ses inévitables trahisons, à la fois ressemblance et différence, à travers les mécanismes transcendantaux, historiques ou psychologiques de la traduction ? On touche ici au problème de la vérité comme adéquation : au redoublement de la réalité dans l'ordre de l'autre, qui s'origine dans l'image comme représentation et dans l'image comme imitation. C'est pourquoi la question de l'image est une question théologique et concerne le sens de l'analogie de l'être : les choses ressemblent à Dieu à cause de leurs perfections, parce que toute perfection ou essence représente-reflète son propre paradigme en Dieu, source des perfections, que le divin soit conçu comme un lieu idéal impersonnel (qu'un dieu mineur imite ou exprime dans le devenir), ou bien qu'il soit conçu comme un esprit, royaume des possibilités. L'ordre des perfections reflète et représente vaguement l'unité et la simplicité de Dieu, mais chaque chose, dans la mesure ou elle existe, est à l'image de Dieu, et toutes les choses, et en premier lieu l'unité transcendantale du multiple, représentent Dieu : le monde comme totalité des existants dans son sens transcendantal, transcendant la totalité comme simple somme des êtres, est *imago Dei*, et les concepts avec lesquels nous signifions Dieu sont des figures de figures, des représentations de représentations caractérisés par des rapports d'éloignement et de proximité, selon les lignes de la vérité et de la sainteté, de l'erreur et du péché, de la morale et de la métaphysique, qui pour l'observateur situé se dédoublent, mais en réalité sont une ligne unique. Dans la grandiose stratégie mimétique, la différence entre chose et image se désagrège par la participation, et par ce qu'elles ont en commun : si les choses sont l'image du divin, alors voilà la présence de Dieu en toutes choses, sa réelle ubiquité, puisqu'Il est dans les choses dans la mesure où celles-ci participent à l'être ; la ressemblance de l'image est alors mesurée par le mode d'être de la chose, par sa participation qui est participation à l'acte et donc participation à l'efficacité causale du divin. L'existence du divin dans les choses, l'existence des choses en Dieu, au nom de l'imagination. Dans cette optique beaucoup de systèmes apparaissent semblables, au-delà des grandes variables de leur mimétisme machinique plutôt que génétique ou expressif.

le corps-image comme expression

La structure mimétique, qui n'est autre que le revers de la dimension participative ou créative, conduit ainsi à penser le complexe chose-image comme un entrelacs inextricable. Ce qui rappelle la monade, dans la pensée de Leibniz. Dans la grandiose dramaturgie leibnizienne, cette dramaturgie qui devient le récit d'un songe au point culminant des *Essais de Théodicée* [1], la monade est l'actualisation d'une tendance à l'existence, d'un appétit d'exister qui advient sur la base d'un programme extrêmement complexe, un calcul grandiose des maxima et minima, peut-être contradictoire et cependant étendu à l'infini intensivement et extensivement, accompli par un esprit qui est à la fois une matrice et un programmateur. De ce point de vue, l'univers est globalement une production virtuelle, comme l'a remarqué Deleuze : « le monde, la ligne embrouillée du monde est comme un virtuel qui s'actualise dans les monades : le monde n'a d'actualité que dans les monades dont chacune l'exprime de son propre point de vue, sur sa propre surface » [2].

De fait, avec la notion de monade est pensé un *corps* complètement *sui generis*, un corps-phénomène particulièrement subtil, qui est en même temps un ensemble représentant et représenté; représentation en tant que force expressive et représenté en tant que réellement *corps*, c'est-à-dire limite ou marge passive de la force expressive. En réalité, la monade est soit activité, soit passivité relative comme degré inférieur d'activité, parce que seule la force ou la puissance active

1. Sur ce rêve voir mon article « Narrazione e teodicea. Nota su un racconto di Leibniz », *in* F. De Capitani, *Vigilantia silentiosa et eloquens. Studi di filosofia in onore di Leonardo Verga*, Milano, Franco Angeli, 2001, p. 63-76.
2. G. Deleuze, *Le pli. Leibniz et le Baroque*, Paris, Minuit, 1988, p. 140.

rend raison d'une multiplicité non partielle : la multiplicité est un degré de l'activité, c'est-à-dire de l'expressivité ; donc, et c'est pour nous un point d'intérêt majeur, la perception et l'aperception doivent être pensées comme expression. Leibniz écrit : « [...] les multiples substances finies ne sont rien d'autre que des expressions diverses du même univers, selon des relations diverses et avec les limitations propres à chacune d'elle. De la même façon qu'une iconographie a d'infinies [scénographies] » [1].

Le corps *subtil* de la monade est en somme la limite de son expressivité. Or, la monade est un principe métaphysique du monde physique, au moyen de l'équivalence masse-énergie et énergie-expression, selon son propre mode ou celui de sa limite et du programme qui la génère. Une telle fonction de représentation se phénoménalise, assume un « corps » en expliquant sa signification comme monade déterminée dans les degrés de la perception, ou plus précisément dans les degrés qui, de l'inconscient perceptif conduisent au déploiement conscient de l'aperception. La monade advient donc comme action perceptivo-expressive qui est certainement interaction relativement à la matrice (qui pour Leibniz est l'esprit divin), ou au programme qui est la condition de possibilité de sa perspective. Leibniz, comme nous le savons, ne pense pas la possibilité de l'action intermonadique au moyen de la simplicité absolue de la monade : la monade est un tout-partiel, ou une partie-totale, si bien que la *connexion* intermonadique consiste seulement dans l'harmonie préétablie par le programme :

> Et comme une même ville, regardée de différents côtés paroist toute autre et est comme multipliée perspectivement, il arrive de même, que par la multitude infinie des substances simples, il y a comme autant de differents univers, qui ne sont pourtant que

1. *Scritti filosofici di G. W. Leibniz*, D. O. Bianca (dir.), Torino, Utet, 1967, vol. I, p. 250. Il s'agit d'une note écrite dans la marge de *Specimen inventorum de admirandis naturae Generalis*.

> les perspectives d'un seul selon les differents *points de vue* de chaque Monade[1].

Et pourtant, on peut dire qu'en réalité il n'existe pas une ville-objet, un univers-objet multiplié par des points de vue qui pourraient quasiment la circonscrire par des nuances qui ne pourraient jamais l'épuiser; puisque l'univers agrégé est monadique, la racine du composé, sa vérité est le simple, et c'est donc la ville même, le même univers qui regarde, en multipliant à l'infini ses regards, les points de vue mêmes qui le regardent : « or, cette *Liaison* ou cet accommodement de toutes les choses créées à chacune et de chacune à toutes les autres, fait que chaque substance simple a des rapports qui expriment toutes les autres, et qu'elle est par conséquent un miroir vivant perpétuel de l'univers »[2].

Notons la puissante construction métaphorique : un miroir vivant est un miroir-sujet, un objet-sujet qui représente en même temps objectivement et subjectivement : c'est un point de vue paradoxal, une coïncidence du propre et de l'universel sans cesse reportée à l'infini. C'est une *mise en abîme* de la perspective : une perspective sur une perspective, à l'infini. De même, la représentation en perspective et l'expressivité sont liées aux modalités cognitives propres à la monade en qualité de conditions constitutives du monde, pour qui l'expérience n'est d'aucune manière séparable de son être. C'est ici qu'émerge le problème du corps monadique, qu'il est impossible d'entendre *seulement* comme *phénomène* bien fondé. Le point relatif à l'interaction comme condition de possibilité de la phénoménalisation de l'être est fondamental pour une théorie du corps virtuel. C'est le problème, non résolu dans la dernière phase de la production

1. *Monadologie*, § 57; *in* G. W. Leibniz, *Die Philosophichen Schriften*, éd. C. J. Gerhardt, VI, Alfred Lorenz Buchhandlung, Leipzig, 1932, p. 616. (les italiques sont de Leibniz).

2. *Monadologie*, § 56; *Ibid.* Pour les implications de l'image du miroir voir G. Tomasi, *La bellezza e la fabbrica del mondo. Estetica e metafisica in G.W. Leibniz*, Pisa, ETS, 2002, p. 23-65.

de Leibniz[1], de la limite, ou de la marge, c'est-à-dire le problème métaphysique classique de l'individuation : comment se délimite ce qui caractérise *cette* monade, son expressivité précise, son point du vue, son *corps* ? Quelle est, en somme, la raison de l'opacité précise et orientée des corps ? Pourquoi, si le corps porte une confusion essentielle, cette confusion (ou inconscient monadique) semble-t-elle structurellement disharmonieuse ? C'est le problème du lien corps-image, de la limite perspective de l'expression, et il semble difficile que cette limite soit identifiable dans l'activité, parce que cette activité qu'est la monade a sa limite dans son propre corps. Or le corps de la monade est un résidu qui ne permet pas de penser l'activité comme expression perspective se résolvant en réflexion, en reflet purement interne, mais implique et pose, pour être telle, un *minimum d'exteriorité*, une relation d'interactivité par rapport à une origine *autre* que la matrice.
Deleuze décrit ainsi un tel minimum :

> Ce que Leibniz découvre là, c'est que la monade comme intériorité absolue, comme surface intérieure à un seul côté, n'en a pas moins un autre côté, ou un minimum de dehors, une forme de dehors strictement complémentaire. Est-ce la topologie qui peut résoudre la contradiction apparente ? Celle-ci se dissipe en effet si l'on se rappelle que l'« unilatéralité » de la monade implique pour condition de clôture une torsion du monde, un pli infini, qui ne peuvent se déplier conformément à la condition qu'en restituant l'autre côté, non pas comme extérieur à la monade, mais comme l'extérieur ou le dehors *de* sa propre intériorité : une paroi, une membrane souple et adhérente coextensive à tout le dedans. Tel est le vinculum, le lien primaire non localisable qui borde l'intérieur absolu[2].

1. *Cf.* D. Rutherford, *Phenomenalism and the Reality of Body in Leibniz's Later Philosophy*, « Studia Leibnitiana », 22, 1990, p. 11-28 qui rend compte du débat sur ce point.
2. G. Deleuze, *Le pli*, p. 149.

Deleuze saisit bien la difficulté mais pas ses conséquences parce qu'il ne s'agit pas d'une contradiction «seulement apparente». On doit alors procéder au-delà et penser la monade comme un complexe corps-image interactif, comme un modèle d'hybride interne-externe, un hybride corps-image, en somme, un corps virtuel[1].

Nous devons chercher à présent à penser le corps-image, le lien corps-image au niveau ontologique afin de nous permettre de considérer l'«image» comme un *nom propre* du corps virtuel. Si «image» renvoie à «imiter» cela semble impliquer une antériorité et une postériorité, un dédoublement essentiel entre primaire et dérivé; mais essayons, sous la forme d'une expérience intellectuelle, de projeter la question, pour ainsi dire, *in divinis*, c'est-à-dire dans un espace logique privé de *prius et posterius*[2]; il est concevable alors de penser l'image comme imitation essentielle de l'espèce, de la forme, telle qu'elle n'implique pas *posterioritatem, sed solam assimilationem*. L'image serait ainsi le nom propre du corps virtuel, parce que celui-ci procède du programme de façon à rester immanent en lui et inversement, et cela peut se dire car sa *ratio* est la *similitudo speciei* de ce dont il procède. Le terme *image*, en fait, exprime cette ressemblance absolue puisque l'être-image ne dépend pas du degré de

1. Pour accomplir ce passage il serait nécessaire d'interroger le « lien », mot étrange qui a eu son heure de gloire chez Giordano Bruno, et qui a tourmenté le dernier Leibniz, le poussant à construire une position ambiguë. De fait, le problème du lien est important pour l'esthétique en général, puisqu'il implique les thèmes de la perception, de la corporéité, de l'espace, du temps, en somme de l'extériorité et donc de la représentation, de la relation et donc de l'harmonie, du fini et de l'infini; il n'est pas question de l'affronter maintenant dans sa portée globale. Sur l'argument, *cf.* les études classiques de Maurice Blondel, *De vinculo substantiali et de substantia composita apud Luibnitium*, Paris, Alcan, 1893; *Une énigme historique. Le "Vinculum substantiale" d'après Leibniz et l'ébauche d'un réalisme supérieur*, Paris, Beauchesne, 1930; A. Boehm, *Le "Vinculum substantiale" chez Leibniz. Ses origines historiques*, Paris, Vrin, 1938. *Cf.* pour une introduction à la question A. Delcò, *La metamorfosi della sostanza in Leibniz. Momenti di una teoria*, Milano, Franco Angeli, 1994, p. 91-111.

2. Précisément dans l'optique théorique des processions trinitaires; je suis la Quaestio 35 de la première partie de la *Somma di teologia* di Thomas d'Aquin, intitulée *De Imagine*, dans la quelle il montre comment Image est un "nom propre" du Fils.

ressemblance mais de la nature de la procession, de l'être-procession *ad intra* par ressemblance, un procédé qui demeure immanent à son principe alors qu'il l'exprime dans la différence comme différence, ou de manière circulaire ; un procédé comme image du principe, puisqu'il implique l'être de l'image comme son expression. Le corps virtuel comme image se spécifie désormais comme être vers qui converge une double procession, comme sommet d'une double rencontre : il procède du corps doté des prothèses de l'utilisateur et en même temps il procède du langage de la programmation : double procession de l'image, ou du corps-image, non imitation, non représentation, mais plutôt *mimesis*. On peut dire aussi que le virtuel est une relation réelle : une relation de procession, ou de génération, relation qui est un corps, c'est-à-dire un individu. Étrange ontologie : un individu, cet individu avec ses aspects particuliers ou ses qualités, qui est une relation et rien d'autre qu'une relation. Un espace-temps communicatif[1], à la fois corporel et mental ; une expérience qu'il faut chercher à pénétrer dans ses traits spécifiques.

au-delà de la conscience d'image

Que se passe-t-il quand ce qui est perçu est une image interactive ? Inspirons-nous de l'analyse sartrienne de l'image mentale[2], entendue comme une enquête phénoménologique qui n'a rien d'orthodoxe mais, dans son ingénuité méthodologique, qui demeure à mon avis très aiguë, justement parce qu'elle se prête à une critique essentielle :

> Pour délier l'image de la perception, Sartre restreint d'emblée l'image à la forme qu'elle prend dans l'imagination déréalisante, ou mieux, irréalisante. Sartre exclut ainsi que l'image, non seulement

1. Pour une introduction aux divers aspects des rapports temps-virtuel, *cf.* D. de Kerckhove, « *La conquista del tempo* », *in* D. de Kerckhove (dir.), *La conquista del tempo*, Roma, Editori Riuniti, 2003, p. 7-26.

2. J.-P. Sartre, *L'imaginaire. Psychologie phénoménologique de l'imagination*, Paris, Folio-Gallimard, 1986.

> puisse coexister avec l'objet perçu, mais puisse encore être tissée avec le substrat de l'objet voire même participer à sa constitution[1].

A mon avis, Sartre a de bonnes raisons pour soutenir cette position critique, des raisons qui cependant ne sont pas valables si on se réfère au corps-image virtuel. Cherchons à comprendre pour quels motifs.
Le champ virtuel fait sauter tout de suite la première évidence :

> En aucun cas, ma conscience ne saurait être une chose, parce que sa façon d'être en soi est précisément un *être pour soi*. Exister, pour elle, c'est avoir conscience de son existence. Elle apparaît comme une pure spontanéité, en face du monde des choses qui est pure inertie. Nous pouvons donc poser dès l'origine deux types d'existence : c'est, en effet, en tant qu'elles sont inertes que les choses échappent à la domination de la conscience ; c'est leur inertie qui les sauvegarde et qui conserve leur autonomie[2].

Mais dans le cas de l'environnement virtuel, l'opposition simple et décisive ne fonctionne pas, l'actif et le passif ne se dédoublent pas, l'un n'est pas le reflet de l'autre : le corps virtuel n'est pas une simple résistance, une inertie, un obstacle à l'activité. Désormais, nous savons que pour Sartre l'espace de la différence s'établit au niveau de l'imaginaire, c'est-à-dire au niveau de ce mode d'exister différent de l'exister de fait ou de l'exister comme chose, qu'est l'existence en image. L'exister en image a la nature propre de l'existence de la conscience, et en même temps, de manière circulaire, est condition de possibilité de cette existence. Remarquons qu'il s'agit d'une existence individuée, caractérisée par des spécificités qualitatives, concrète à sa façon, et même particulière, telle qu'elle n'est pas la reproduction d'une impression plus ou moins affaiblie. En somme, il ne s'agit pas d'un type d'existence qui peut être confondu avec celui

1. J.-J. Wunenburger, *Philosophie des images*, p. 188.
2. J.-P. Sartre, *L'imagination*, Paris, P.U.F., 2003, p. 1-2.

de la perception; l'image mentale aurait une structure ontologique différente par rapport à l'image perceptive : hiatus, et même abîme entre le mental et le corporel qui chez Sartre se stabilise par la suite comme une fracture en soi-pour soi. Maintenant, ce gain essentiel de la théorie sartrienne ne fonctionne pas pour un champ virtuel : le corps virtuel est un hybride chose-image, justement dans le sens que synthétise la confusion ontologique entre images mentale et perceptive. Cherchons donc, en suivant les problèmes émergeant de la proposition de Sartre, à clarifier les ambiguïtés du rapport corps-image, c'est-à-dire la différence entre image mentale, corps, corps qui est image, corps-image. Avant tout, il devient clair que l'image présente dans cet esprit qui est une conscience imaginante n'est pas la copie d'un objet, et que l'esprit n'est pas un écran transpercé par le perçu, ou sur lequel le perçu se grave ou est projeté; donc l'image ne peut être imaginée *comme si* elle était une *chose*. En d'autres termes, les images ne sont pas visibles *pour* l'esprit, ou *pour* la conscience, elles ne sont pas un *état* psychique, mais plutôt un mode d'être global pour l'esprit, comme la mémoire, et cela évite une régression à l'infini du regard. L'image n'est donc ni une intériorité qui s'opposerait à l'extériorité, ni une infériorité, ni une copie affaiblie ou quelque chose de ce genre. En d'autres termes, pour Sartre l'être-image est une modalité intentionnelle :

> L'image, en devenant une structure intentionnelle, passe de l'état de contenu inerte de conscience à celui de conscience une et synthétique en relation avec un objet transcendant. L'image de mon ami Pierre n'est pas une vague phosphorescence, une sillage laissé dans ma conscience par la perception de Pierre : c'est une forme de conscience organisée qui se rapporte à sa manière, à mon ami Pierre, c'est une des manières possibles de viser l'être réel de Pierre[1].

1. J.-P. Sartre, *L'imagination*, p. 147-148.

Mais que se passe-t-il si mon ami Pierre est un corps virtuel ? Ou l'avatar de mon ami Pierre ? De toute évidence, ce qui compte, c'est la modalité de l'intention. Le problème dans le cas du corps virtuel, c'est que l'objet n'existerait pas d'une manière phénoménale et donc noématique, s'il n'était, pour ainsi dire, *mon* image, et donc il reste difficile de penser la différence entre perçu et image. Peut-être cela signifie-t-il que la différence perception-image n'est pas originelle, ou bien même qu'elle n'est pas immédiate, qu'elle n'est pas une donnée phénoménale. Pour Sartre en réalité, la conscience d'image est une conscience dans sa fonction irréalisante, qui a son corrélatif noématique dans l'imaginaire :

> Si ces consciences se distinguent immédiatement de toutes les autres, c'est qu'elles se présentent à la réflexion avec certains marques, certaines caractéristiques qui déterminent aussitôt le jugement : « j'ai une image ». L'acte de réflexion a donc un contenu immédiatement certain que nous appelle-rons l'*essence* de l'image. Cette essence est la même pour tout homme ; la première tache du psychologue est de l'expliciter, de la décrire, de la fixer[1].

Maintenant, en environnement virtuel, c'est-à-dire dans l'ensemble corps virtuel ou champ virtuel, non seulement le niveau transcendantal n'est pas évident, parce que le type ontologique des pôles relationnels n'est pas clair (« bien connu »), mais par ailleurs le jugement « j'ai une image » est discutable, comme distinct de « j'ai une perception ». Ce que l'on peut appeler image ne s'avère pas clair, s'il est vrai que l'objet, parce qu'il est constitué intentionnellement, est structurellement ambigu. C'est pourquoi, dans notre cas, il n'est pas vrai que « ce que par convention on dénomme image se donne immédiatement comme tel à la réflexion » ; il arrive que perception et imagination convergent assez mystérieusement.

L'analyse de Sartre est certainement utile pour éliminer certains présupposés naturalistes au sens large : « nous pensions, sans

1. J.-P. Sartre, *L'imaginaire*, p. 14.

cependant nous en rendre compte, que l'image était *dans* la conscience » ; ou bien : nous pensions « que l'objet de l'image était *dans* l'image », et ainsi, « Nous nous figurions la conscience comme un lieu peuplé de petits simulacres et ces simulacres étaient les images » [1].

Cela pousse à réfléchir sur la signification de l'immanence de l'image et donc à rompre la relation de ressemblance en tant qu'elle est entendue comme propre à la nature de l'image :

> Quand je dis que « j'ai une image » de Pierre, ils pensent que j'ai présentement un certain portrait de Pierre dans la conscience. L'objet de ma conscience actuelle, ce serait précisement ce portrait, et Pierre, l'homme de chair et d'os, ne serait atteint que très indirectement, d'une façon « extrinsèque », du seul fait qu'il est celui que ce portrait représente [2].

En outre, Sartre montre clairement comment la perception est elle aussi une modalité intentionnelle, et comment la différence entre perception et image s'articule sur le plan de l'intentionnalité :

> Alors que je perçois une chaise, il serait absurde d'affirmer que la chaise est *dans* ma perception; selon la terminologie que nous avons adoptée, c'est une certaine modalité de la conscience, et la chaise est l'objet de cette conscience. Maintenant, je ferme les yeux et je produis l'image de la chaise que j'ai perçue. La chaise, qui maintenant s'offre en image, ne pourrait certainement pas plus entrer dans la conscience qu'elle ne le faisait alors,

Et donc,

> une image de chaise n'est pas, ne peut pas être, une chaise. [...] que je perçoive ou que j'imagine cette chaise, l'objet de ma perception et celui de mon image sont identiques : c'est cette chaise de paille sur

1. J.-P. Sartre, *L'imaginaire*, p. 15.
2. *Ibid.*, p. 17.

laquelle je suis assis. Simplement, la conscience se *rapporte* à cette même chaise de deux manières différentes [1].

Et pourtant l'apport sartrien est sous-tendu par une opposition interne-externe plutôt subtile : il suppose l'existence d'un être (la chaise sur laquelle je suis assis) auquel la conscience se réfère selon des intentions différentes [2]. Cet être se réplique : il est au-delà de la conscience, il est partiellement là (là-et-ici comme perception), il est ici, dans l'écran interne de l'esprit (comme image : maintenant je ferme les yeux...), certes pas *dans* mais *comme* conscience, selon ses modalités. Soit comme perçu, soit comme image, il se réfère à une individualité qui dans le premier cas est comme rencontrée dans le monde, c'est-à-dire dans un minimum d'extériorité, et non dans le second cas, parce que le minimum d'extériorité, ou l'extériorité qui doit être pensée comme condition de la rencontre, c'est-à-dire de la perception comme modalité intentionnelle, est annulée ; or, pour Sartre, comme on sait, la conscience d'image consiste justement dans la fonction déréalisante : la conscience comme image anéantit l'objet, accomplit une opération irréalisante ou déréalisante par rapport au résidu d'extériorité, à l'ailleurs qui indique un espace, un corps, une matière, une résistance, une opacité : « l'objet de la perception déborde constamment la conscience ; l'objet de l'image n'est jamais rien de plus que la conscience qu'on en a ; il se définit par cette conscience » [3]. Donc l'image de l'être, de ce qui est extérieur à la conscience, n'est pas un simulacre ou un représentant psychique, une sorte de peinture ou une photographie à l'intérieur de l'esprit, mais

1. *Ibid.*, p. 18-19.

2. « Dans l'un des cas, la chaise est "rencontrée" par la conscience ; dans l'autre, elle ne l'est pas. Mais la chaise n'est pas dans la conscience. Pas même en image. Il ne s'agit pas d'un simulacre de chaise qui aurait pénétré tout à coup dans la conscience et qui n'aurait qu'un rapport "extrinsèque" avec la chaise existante ; il s'agit d'un certain type de conscience, c'est-à-dire d'une organisation synthétique se rapportant directement à la chaise existante et dont l'essence intime est précisément de se rapporter de tel ou telle et telle manière à la chaise existante », (*ibid.*, p. 19).

3. *Ibid.*, p. 25.

ce fait même d'*entendre* que l'être déterminé x est présent en l'absence de x, est présent puisque l'être externe est annulé. Mais qu'arrive-t-il si l'être perçu, rencontré comme intention perceptive, n'est pas au sens propre extérieur ; quand en plus de ne pas être *dans* la conscience, il n'est pas *dans* le monde, mais qu'il est externe-interne, étant lui même image, mais pas image-chose du monde (une peinture, une photographie, une image cinématographique, une image digitale comme celle télévisuelle), plutôt un corps-image qui se constitue dans l'interaction? Il arrive que la différence entre la modalité intentionnelle propre à l'image perceptive et celle propre à l'image mentale s'atténue, que les deux modes intentionnels tendent à se confondre. Une telle confusion apparaît clairement si l'on se souvient des deux autres caractéristiques qui, selon Sartre, distinguent la «perception» de l'«image», le phénomène de quasi-observation et la spontanéité, caractéristiques qui devraient se constituer au sens propre comme résultat de la recherche phénoménologique. Alors que la perception procède par *Abschattungen*, l'image est un acte synthétique: l'image ne s'apprend pas en accumulant des nuances dans l'acte inépuisable d'une conquête progressive; plutôt se donne-t-elle comme accomplie: «elle est exactement organisée comme les objets qui s'apprennent, mais, en fait, elle se donne toute entière pour ce qu'elle est, dès son apparition»[1]; l'image ne conserve pas, presque cachée en soi, l'infinité des rapports, mais elle est d'une «pauvreté essentielle», et alors que, comme on l'a vu, l'objet de la perception sort constamment des limites de la conscience, l'objet de l'image est toujours seulement dans la conscience que l'on en a. Maintenant, la perception du corps-image virtuel se réalise, si nous voulons maintenir ce langage, selon le mode de la conscience d'image, puisque le perçu se constitue dans l'interactivité comme une synthèse de façon à ce que le savoir que nous en avons, ou le résultat de l'interaction, n'émerge pas des

1. J.-P. Sartre, *L'imaginaire*, p. 23.

nuances successives de l'objet, mais de synthèses relativement constitutives. Étrangement, c'est justement pour le corps virtuel et non pour l'image mentale que peut valoir, si elle est amendée du poids théorique de la référence à la «conscience», la considération de Sartre : «l'objet en image [...] ne comprend en lui rien de plus que ce dont j'ai conscience; mais, inversement, tout ce qui constitue ma conscience trouve son corrélatif dans l'objet [...] Il en résulte cette conséquence paradoxale que l'objet nous est présent du dehors et du dedans à la fois. Du dehors, car nous l'observons; du dedans, car c'est *en lui* que nous percevons ce qu'il est»[1]. Même en ce qui concerne le caractère de «spontanéité», relativement au champ virtuel, survient le processus de perte de la différence selon l'hypothèse de Sartre : «une conscience perceptive apparaît à elle-même comme passivité. A l'opposé, une conscience imaginative se donne à elle-même comme conscience imaginative, cela revient à dire comme spontanéité qui produit et conserve l'objet en image». Au contraire la perception du corps virtuel est à la fois passivité et activité ; en elle, pour utiliser les mots de Sartre relatifs à la conscience d'image, «la conscience s'apparaît comme créatrice, mais sans poser comme objet ce caractère créateur»[2]. Donc la différence image-perception proposée par Sartre ne fonctionne pas pour le champ virtuel, et cela implique que soit mise en cause l'idée même de conscience sartrienne, qui coïncide avec le pouvoir irréalisant de la conscience d'image[3]; mais ce qui nous intéresse ici est d'avoir pu montrer la convergence des caractères d'image et de perception dans la modalité de l'intention qui a le corps virtuel comme corrélat. L'analyse du rêve conduit, comme on l'a vu, à une remarque

1. *Ibid.*, p. 27.
2. *Ibid.*, p. 34.
3. En fait pour Sartre « l'imagination n'est pas un pouvoir empirique et surajouté de la conscience, c'est la conscience toute entière en tant qu'elle réalise ; toute situation concrète et réelle de la conscience dans le monde est grosse d'imaginaire, en tant qu'elle se présente toujours comme dépassement du réel », *ibid.*, p. 358.

similaire[1]. Il faut garder à l'esprit cependant que le corps virtuel n'est pas une image mentale, et que nous n'avons pas inspecté la structure de l'image mentale du corps virtuel, ou de l'imagination comme telle, qui est un argument qui ne nous intéresse pas ici. Nous avons seulement établi, en suivant l'étude sartrienne de l'image de manière critique, que, par rapport à une certaine région de l'être, la différence image-perception n'est pas une donnée originelle ; et donc que se demander si l'élément distinctif d'un tel corps dépend du contenu de l'image même, ou bien de la modalité intentionnelle de la conscience, est une question qui ne peut avoir de réponse puisqu'elle implique des stratégies de réflexion non fonctionnelles pour l'objet en question. Ce que Sartre a appelé conscience, ou sujet, n'est, en ce qui concerne le champ virtuel, ni un point de départ, ni un point d'arrivée pour la constitution de l'objet ; corrélativement, l'extériorité comme telle, le monde ou les choses externes comme corps ou environnement virtuel, c'est-à-dire dans son apparaître, n'a pas une constitution déterminée en soi.

l'excédent virtuel

Le corps virtuel est donc, comme on le disait, interaction, événement déterminé précédé de structures différentielles : un corps doté de prothèses, une synthèse vive d'organique et de non organique, et une mémoire informatique. Le corps virtuel est alors déterminé, mais non à la manière de cet être habituellement dénommé objet empirique ; il est plutôt déterminé comme image, comme complexe de qualités perceptives au moyen de prothèses. Ces images peuvent être ou ne pas être reconnaissables, mais elles ne sont quand même pas interprétables comme images *de*, c'est-à-dire *comme si* à leur nature appartenait un rapport de ressemblance, c'est-à-dire qu'elles ne sont

1. Sartre se rend également compte que l'analyse du rêve pourrait mettre en cause la différence entre image perceptive et image mentale, et il s'engage à défendre cette distinction, sans y réussir à mon avis, cf. *L'imaginaire*, p. 309-340.

pas des copies ou des simulacres, sauf que, comme n'importe quel être, elles entretiennent des relations d'analogie et de différence. Relativement au corps-environnement, ou au champ virtuel, il apparaît alors *aussi* que ce que nous nommons perception est surtout détermination ou inférence, et non redoublement psychique. Détermination qui constitue son objet comme structure relationnelle, en rendant vain le problème de la priorité de la conscience ou de l'objet (dans le langage de la phénoménologie : de la noèse ou du noème) dans l'acte intentionnel de constitution. De ce point de vue le corps virtuel montre en acte la relation noèse-noème, il l'événementialise : au delà de tout panpsychisme ou de toute animation de la matière de la part de la conscience, au-delà de toute extériorité autre que l'acte intentionnel ; simplement l'interne et l'externe, l'intériorité et l'extériorité ne sont pas des termes adaptés à la clarification du champ virtuel, même s'il est difficile de les éliminer. Tout cela devient lisible dans le parcours qui mène Merleau-Ponty de la *Phénoménologie de la perception* au *Visible et l'Invisible* : le champ virtuel dont les objets sont une modalité de relation, est lui-même une structure de corrélation ou une trame relationnelle de corps entendus comme événements de réversibilité. Une bonne description du champ virtuel serait alors la notion de « chair du monde » élaborée par Merleau-Ponty dans ses derniers écrits, notion résistante, à mon avis, aux critiques qui de différents côtés lui ont été adressées[1]. Arrêtons-nous alors sur la question de la chair[2], pour chercher à élaborer une stratégie qui avance dans la direction d'une esthétique et d'une ontologie du corps virtuel. Le fameux point de départ husserlien est le suivant : la perception, puisqu'elle ne peut être confondue avec d'autres formes de la connaissance, est un se donner par esquisses (*Abschattungen*) ; cela signifie que la chose ne se réduit

1. Voir au moins pour les critiques de Henry et de Deleuze mon article « *Per un'estetica dell'incarnazione* », *Hermeneutica*, n.s., 2003, p. 27-39.

2. Pour une excellente synthèse de la question voir M. Carbone, « *Carne* », "*aut aut*", 304, 2001, p. 99-119.

pas à ses esquisses, et en même temps que l'esquisse est irréductible : l'ombre n'est pas destinée à se transformer en lumière et la chose dans sa totalité ou dans le plein déploiement de son sens est toujours absente. Maintenant, il appartient à l'esthétique et à sa tradition de penser cette structure de la perception non comme un défaut ou un manque de puissance de la vision, ni comme un lieu initial de la connaissance destinée à un dépassement en direction de la raison, mais plutôt comme une puissance infinie et indépassable de signification; et il s'agit en cela d'aller au-delà de Husserl, au moins en ce que chez lui la description du perçu reste en dernière analyse fondée sur une théorie transcendantale de la constitution, comme relation entre être-présent et conscience-univers[1]. Maintenant, au niveau spéculatif, le lieu le plus élevé de cette pensée esthétique est atteint à mon avis dans les derniers écrits de Merleau-Ponty, dans lesquels est thématisée la coappartenance du *Leib* et de la nature dans une étoffe communicationnelle dynamique, cet élément originel en explosion chiasmatique à laquelle Merleau-Ponty donne le nom de « chair » ; il s'agit d'un tissu ou d'une trame qui dit ce qui est commun au corps-monde, ni matière ni esprit mais horizon expressif d'une « réversibilité toujours imminente et jamais réalisée de fait »[2]. Merleau-Ponty, en partant de Husserl pour aller au-delà de Husserl, tente ainsi de dire de manière nouvelle le rapport corps vivant-nature[3] ; il tente d'en penser la parenté sous la forme d'un « être brut » ou

1. Au moins celle qui se configure chez le Husserl des *Ideen I*. C'est plutôt d'un autre Husserl que Merleau-Ponty s'inspire pour une philosophie de la chair du monde capable de penser l'excédent, l'extériorité : il s'agit d'un manuscrit de 1934 désigné par le titre *Umsturz der kopernikanischen Lehre*, que Merleau-Ponty avait pu lire en 1939 dans les Archives-Husserl de Louvain. Pour l'influence de ce manuscrit sur Merleau-Ponty, *cf.* G.D. Neri, « *Terra e cielo in un manoscrittohusserliano del 1934* », *"aut aut"*, 245, 1991, en particulier p. 38-44.

2. M. Merleau-Ponty, *Le Visibile et l'Invisible*, texte établi par C. Lefort, Paris, Gallimard, 1964, p. 194; il s'agit évidemment du développement de l'exemple husserlien du § 36 des *Ideen II*.

3. « La méditation doit nous rapprendre un mode d'être dont il [*i.e.* l'homme copernicien] a perdu l'idée, l'être du sol (*Boden*), et d'abord celui de la Terre » (M. Merleau-Ponty, *Résumés de cours. Collège de France 1952-1960*, Paris, Gallimard, 1968, p. 168-169).

« sauvage » qui est constitution originelle de différences, indistinction d'activité et passivité, entrelacs de perception et d'être perçu, réversibilité du sujet et de l'objet ; chair dynamique, déhiscence d'un être impensable comme altérité transcendante ou substrat commun au-delà des différences : aucune stratification réelle de l'expérience ne peut être mise en hypothèse, mais seulement une « chair du sensible » comme perpétuelle possibilité de communication et de participation : on voit dans la chair et par elle ; la chair du sensible est envahissante et rompt la limite entre corps et monde : c'est la chair du langage, de l'histoire, de l'idée. Désormais il est facile de comprendre combien il est difficile d'exprimer la notion paradoxale de chair puisqu'elle est la pensée d'une identité qui structurellement est différence sans s'annuler dans les différences, identité comme processus de différenciation qui essaye de ne pas privilégier une polarité oppositionnelle (la conscience ou la chose) comme condition de constitution de la relation[1]. Le problème peut aussi se dire ainsi : comment penser une « profondeur » de la chair ? Comment penser le rapport entre le visible et l'invisible sans utiliser l'opposition entre immanence et transcendance ? Comment penser la notion d'« idée charnelle » ? Comment penser l'« imminence » de la réversibilité au-delà de tout panpsychisme ? C'est la un lieu d'entrelacs supplémentaire entre esthétique et ontologie : la « mutation ontologique » proposée par Merleau-Ponty devient ici la tentative de constitution d'un « Logos du monde esthétique », selon l'expression husserlienne[2], qui cependant ne pense pas la perception active-passive du corps vivant, et donc l'esthétique comme science de la

1. « Il y a insertion réciproque et entrelacs de l'un dans l'autre. Ou plutôt, si, comme il le faut encore une fois, on renonce à la pensée par plans et perspectives, il y a deux cercles, ou deux tourbillons, ou deux sphères concentriques quand je vis naivement, et, dès que je m'interroge, faiblement décentrés l'un par rapport à l'autre ... » (*Le Visibile et l'Invisible*, p. 182).

2. *Cf.* E. Husserl, *Logique formelle et transcendantale*, trad. fr. S. Bachelard, Paris, P.U.F., 1957.

connaissance sensible, mais qui, pour exprimer la relation *Leib*-nature, interroge aussi les capacités de vision-construction liées à une telle relation. Merleau-Ponty a conféré à la chair le sens d'être un «élément» par soi indéfinissable, mais capable d'introduire un «style d'être» :

> sorte de principe incarné qui importe un style d'être partout où il s'en trouve une parcelle. La chair est en ce sens un « élément » de l'Etre. Non pas fait ou somme de faits, et pourtant adhérente au *lieu* et au *maintenant*. Bien plus : inauguration du *où* et du *quand*, possibilité et exigence du fait, en un mot facticité, ce qui fait que le fait est fait. Et, du même coup aussi, ce qui fait qu'ils ont du sens, que les faits parcellaires se disposent autour de « quelque chose » [1].

Sont présents dans la chair-élément soit le sens de la «maison-armature», le rassemblement des multiples dans l'un, leur cohésion autour d'un noyau jamais intentionné dans sa pureté, soit le sens de «cosmos», de cette ouverture au-delà de l'humain qui précède et permet la détermination du sens et la possibilité de l'événement [2]. Aucune opposition formelle entre chair et idée n'est présente qui serait rédhibitoire par rapport à la possibilité de traduire la transcendance en profondeur, et donc parfaitement réductrice. Mais, à mon avis, la notion de chair est efficace pour penser une couche de l'être précédant la distinction organique-non organique, surtout si l'on retranche la résonance subjectiviste qui a une incidence sur le sens du terme, c'est-à-dire si l'on considère avec attention que «la chair du monde n'est pas *se sentir* comme ma chair – Elle est sensible et non sentant – Je l'appelle néanmoins chair [...] pour dire qu'elle est *prégnance* de possibles» [3]. Éloignement donc de tout panpsychisme, en direction de la virtualité. Je soutiens en somme que l'ontologie de

1. M. Merleau-Ponty, *Le Visibile et l'Invisible*, p. 184.
2. Contrairement à ce que soutiennent Deleuze et Guattari dans *Qu'est-ce que la philosophie ?*, Paris, Minuit, 1991, p. 169-170.
3. M. Merleau-Ponty, *Le Visibile et l'Invisible*, p. 304.

la chair est un bon moyen de penser l'ontologie de l'environnement virtuel, à cause de ses deux caractéristiques particulières ; je ne sais s'il est possible, et combien, de l'étendre au-delà de cela[1]. Mais si nous voulons comprendre l'environnement du monde virtuel nous devons justement chercher à pénétrer ses conditions de possibilités spécifiques, son espace et son temps avant tout, dans la conscience de leur expression dans le chiasme des corps.

1. Je note seulement que le déplacement du « monde » à la « vie » que Michel Henry considère comme essentiel, n'est qu'un déplacement d'accent, c'est-à-dire que la vie (« pathos, cette étreinte sans écart et sans regard d'un souffrir et d'un jouir dont la matière phénoménologique est en effet l'affectivité pure, une impressionalité pure, cette auto-affection radicalement immanente qui n'est autre que notre chair ») est en réalité chair du monde, et qu'au contraire l'expansion ontologique de la vie dans le monde peut permettre d'en saisir mieux la dimension originellement pathique, que justement Henry considère comme essentielle et qui lui permet de souligner efficacement la labilité de la chair aux prises avec la raison. (Cf. *Incarnation. Une Philosophie de la chair*, Paris, Seuil, 2000, p. 172).

chapitre 5

métaphorique du virtuel

note sur l'espace

Si, à propos de l'espace, comme du temps, du virtuel ou de l'espace-temps, nous voulons déterminer concrètement un champ d'expérience, nous avons diverses façons de le dire, variables selon le type de virtuel que l'on entend examiner. Le premier mouvement de la réflexion pose que l'espace virtuel est un champ d'individuation qualitative et quantitative, et est donc relatif à l'ontologie des «objets» qui l'habitent. Un second mouvement fera remarquer le caractère abstrait de la distinction entre l'espace virtuel et ses objets, et fera donc comprendre l'espace comme un événement. Si pour simplifier nous assignions à l'espace virtuel la valeur d'un lieu d'action, la valeur de l'action et donc du lieu serait ainsi relative à la typologie des événements. On ouvre alors une métaphorique de l'espace particulièrement envahissante par rapport au virtuel, comme si le caractère de corps-événement, de formes et de degrés différents des objets virtuels, se servait du langage de la localisation pour «prendre forme» ou sens. L'espace virtuel est avant tout un espace informatif, communicatif, connectif, un espace dans lequel «proximité et éloignement sont des concepts qui se libèrent de leur présupposés matériels, se vident de leur aspect formel pour faire émerger leur contenu communicatif»[1]. Selon l'opinion de McFaden, à titre préliminaire nous pouvons considérer un pré-espace ou un quasi-espace virtuel, un

1. G. Boccia Artieri, *Lo sguardo virtuale*, Milano, Franco Angeli, 1998, p. 241.

> espace informatif avec les propriétés suivantes : 1) Il est *connecté* par un réseau de canaux d'informations tels que, si l'information est disponible en partie pour un récepteur, alors elle l'est complètement. 2) Il y a des *agents* qui peuvent changer l'information et des *protocoles* bien connus pour échanger des informations entre eux. C'est la part « consensuelle » de la définition originelle. Les agents peuvent aussi faire partie de l'espace informatif et être donc sujets à des changements [1].

Ce pré-espace virtuel, qui peut être illustré par les réseaux télématiques, est pour Pierre Lévy l'espace de la cyberculture, « l'espace de communication ouvert par l'interconnexion mondiale des ordinateurs et des mémoires informatiques » [2], forme visualisée des flux d'information (dans lesquels on peut dire, en forme d'approximation caractéristique, que « les objets [...] ne sont pas des objets physiques ni nécessairement des représentations d'objets physiques, mais qu'ils sont plutôt, dans la forme et dans la substance, construits par des données de pure information ») [3]. On a affaire à « des visualisations spatialisées des informations présentes dans des systèmes globaux d'élaboration des informations » [4], qui permettent une action de contrôle, de recueil et d'exploration de données, et d'intercommunication entre utilisateurs. L'intérêt d'une analyse de ces quasi-espaces virtuels est évident à divers niveau, psychologique, anthropologique, sociologique. Une telle analyse tient compte de la spécificité des technologies et de leurs usages, au moins parce que l'espace en tant qu'habité (de manière essentiellement émotive), se transforme en lieu (la spatialité et la temporalité du courrier électronique, forum, chat, hypertexte, web sont différents bien que semblables, et produisent des situations particulières – perceptives,

1. T. McFadden, « *Note sulla struttura del cyberspazio e sul modello balistico ad attori* », in *Cyberspace. Primi passi nella realtà virtuale*, M. Benedikt (dir.), Padova, Muzzio, 1993, p. 351-352.
2. P. Lévy, *Cyberculture*, p. 107.
3. M. Benedikt, « *Ciberspazio : alcune proposte* », *in* M. Benedikt (dir.), *Cyberspace*, p. 131.
4. M. Novak, « *Architetture liquide nel ciberspazio* », *in* M. Benedikt (dir.), *Cyberspace*, p. 234.

émotives, cognitives)[1]. Il n'est pas question de les approfondir ici, mais il vaut la peine de rappeler que ces spatialités peuvent être entendues de manière génériquement «culturelle» :

> espace sémantique, métaphorique [...] dans lequel la cyberculture prend forme, s'alimente et se développe et dans laquelle le corps physique joue un rôle comme image virtuelle et symbolique [...] Immédiateté et universalité d'une communication qui se propose comme un processus de « déterritorialisation », de perte des frontières ; possibilités de vivre dans le cyberespace, de pouvoir aller « au-delà du sens du lieu »[2].

Or à ce niveau impropre de la spatialité s'est constitué un problème assez intéressant du point de vue théorétique.

parenthèses : la communauté

Grâce à l'extension des réseaux télématiques, une nouvelle idée de communauté s'est constituée, définie par ses théoriciens comme une «communauté virtuelle», une «intelligence collective»[3], un «*global brain*»[4]. Un type de communauté qui fait de son être éphémère et ouvert son élément fondateur. Une approche descriptive devra rendre compte des types de communauté qui se sont réellement construits sur le réseau, de la manière dont fonctionne chez eux la communication relativement aux nouvelles possibilités offertes par le moyen, etc. Du point de vue théorique cependant, les nouveaux modèles de communauté impliquent une redéfinition cohérente des notions d'individu et de communauté. Il s'agit de thèmes importants

1. Pour une description soignée, je renvoie au travail encore inédit d'Elisabetta Locatelli, *Spazio e tempo nei mondi virtuali*, thèse de diplôme en Philosophie soutenue à l'Università Cattolica del Sacro Cuore, année académique 2002-2003.
2. M. Combi, *Corpo e tecnologie. Simbolismi, rappresentazioni e immaginari*, Roma, Meltemi, 2000, p. 122
3. *Cf.* P. Lévy, *L'intelligence collective*, Paris, Éditions de la Découverte, 1997.
4. *Cf.* P. Russell, *The Global Brain Awakens*, Saline (Michigan), Mc Naugthon & Gunn, 1995.

et complexes dont je ne fais émerger qu'une trace[1]. L'individu de la communauté virtuelle est un individu nominal. Dans la communauté télématique, c'est la définition linguistique du rôle qui configure l'être, c'est-à-dire qui identifie l'individu, permettant son appartenance. Il s'agit d'un individu « linguistique » dont les propensions et les capacités ne sont pas médiates ou intégrées par le langage, mais qui plutôt se défont dans le langage. On pourrait dire que l'individu d'une communauté virtuelle est exemplaire, qu'il est un exemple, pour autant que l'être exemplaire est purement linguistique, autrement dit défini par aucune autre propriété que celle de l'être *dit*, ou de l'être dit *comme*. Dans l'exemple, c'est l'être *dit* qui est la propriété fondant les appartenances possibles, c'est-à-dire établissant l'être commun des individualités, permettant une communauté. Une communauté seulement linguistique qui se donne seulement dans un espace de communication non fondé, en principe, sur des appartenances réelles. On entrevoit donc la possibilité de communautés inessentielles[2], c'est-à-dire de communautés dans lesquelles ce qui convient ne concerne en aucune manière une essence (détermination ou fonction qui permet une définition qui ne soit pas purement nominale), des communautés présentes seulement dans l'espace de la communication, qui ont évidemment d'autant plus de sens et de force que les espaces technologiques, sociaux et politiques de la communauté le permettent. Dans la communauté virtuelle on projette un espace, en somme, au sens fort et inaugural de la parole qui transforme des individualités en membres d'une classe qui a pour seules limites les propriétés linguistiquement communes à

1. *Cf.* R. Diodato, P. Ferri, « *Dall'individuo virtuale alla comunità personale* », *in* AAVV, *Individuo e rapporto comunitario*, R. Cotteri (dir.), Merano, Accademia degli studi italo-tedeschi di Merano, 1996, p. 511-530 et R. Diodato, P. Ferri, « *Il concetto di comunità virtuale* », *in* AAVV, *L'Europa multiculturale*, R. Cotteri (dir.), Merano, Accademia di studi italo-tedeschi, 1998, p. 336-343. Sur le concept de communauté virtuelle, cf. *Le comunità virtuali*, P. Carbone, P. Ferri (dir.), Milano, Mimesis, 1999 et le second chapitre du livre de P. Ferri, *La rivoluzione digitale*, Milano, Mimesis, 1999, p. 45-114.

2. Sondées par Giorgio Agamben dans *La communauté qui vient*, Paris, Seuil, 1990.

ses membres. En somme, un nominalisme absolu se renverse paradoxalement en un réalisme absolu. C'est peut-être Jean-Luc Nancy[1] qui a réalisé jusqu'à présent la tentative la plus importante pour penser une communauté inessentielle, en construisant un modèle qui pourrait être illustré par les communautés virtuelles. Selon Nancy, l'être radicalement fini de l'homme peut s'exprimer dans la formule «l'existence est sans essence» : l'être humain, comme n'importe quel autre existant, puisqu'il existe est en soi-même «de passage», il est transitoire, c'est-à-dire radicalement «exposé» :

> Etre-à-soi, c'est être-à-l'exposition. C'est être-à-autrui, si « autrui » décline en somme « en soi et pour soi » la déclinaison de *soi*. Toute l'ontologie se réduit à cet être-à-soi-à-autrui. L'essence n'y *est*, transitivement, que l'exposition de sa subsistance [...] C'est ce qu'on transcrira en disant : il n'y pas la communion, il n'y pas d'être commun, il y a un être *en* commun. Toute l'ontologie, dès lors qu'elle est cette logique de l'être en soi comme être à soi, se réduit ainsi à l'*en*-commun de l'*à*-soi[2].

En d'autres termes, n'est pas donné un «sujet» qui entre en relation avec d'autres, mais plutôt une singularité qui «apparaît», et apparaît seulement dans la communauté, et n'est pas donné ; un être commun à réaliser à travers une œuvre, par exemple l'œuvre de la politique, mais plutôt une communauté plus originelle que l'individu et ses liens sociaux. Il y a communauté quand des singularités s'exposent et, en restant telles, partagent leur exposition. Il s'agit d'une «logique de la limite», écrit Nancy, «logique de ce qui n'appartient ni au pur dedans ni au pur dehors»[3], logique que caractérise l'être-avec qui se situe «entre la désagrégation de la "foule" et l'agrégation du "groupe", l'une et l'autre à chaque instant possibles, virtuelles, prochaines. Cette suspension fait l'"être-avec" : un rapport sans rapport,

1. J.-L. Nancy, *La communauté désœuvrée*, Paris, Christian Bourgois, 1990.
2. *Ibid.*, p. 207-208.
3. *Ibid.*, p. 222.

ou bien une exposition simultanée au rapport et à l'absence de rapport »[1].

Nancy, en somme, s'efforce de délester l'idée de communauté de celle d'un être commun substantiel qui devrait se réaliser à travers l'œuvre de la politique, pour penser la communauté comme une donnée originelle, plus originelle que n'importe quel lien social, économique ou politique, c'est-à-dire de la penser comme « comparution », un apparaître ensemble qui nous remet les uns aux autres, mais en nous conservant comme des singularités qui partagent la même division[2]. On fait toujours ainsi l'expérience de la communauté comme limite, comme ce qui représente un risque pour le lien social, comme c'est justement le cas avec les communautés qui vivent comme des langages dans cet hypertexte monté en puissance qu'est le réseau télématique. Comme on sait, selon l'avis de certains théoriciens, cela ouvre des possibilités inédites ; Lévy entrevoit un nouvel espace anthropologique, un espace de savoir différent de l'espace médiatique des marchandises :

> Dans l'espace de la reproduction, de la diffusion, de la variation indéfinie, les signes ne convoquent plus les choses qu'ils désignent ni les êtres qui les profèrent. [...] Non seulement le signe ne renvoie pas à la chose absente, mais il ne peut même plus mener au début de la série, à l'« original », puisque, dans l'Espace des marchandises, le signe n'est qu'un effet d'enregistrement, de reproduction, de diffusion : il n'est signe que dans le circuit ;

au contraire l'« espace du savoir » permis par les réseaux télématiques

> est défini par le retour de l'être, de l'existence réelle et vive, dans la sphère de signification. [...] Sur l'Espace du savoir, les intellectuels collectifs reconstituent un plan d'immanence de la signification où

1. J.-L. Nancy, *La communauté désœuvrée*, p. 223.

2. Jean-Luc Nancy relie de façon intéressante le thème de la "comparution" à celui de la temporalité, renvoyant à un problème que nous devrons examiner, dans *Être singulier pluriel*, Paris, Galilée, 1996, p. 82-84.

> les êtres, les signes et les choses retrouvent une relation dynamique de participation mutuelle [1].

Si maintenant on veut évaluer les conditions de possibilités théoriques et pratiques pour l'actualisation et l'exercice de cet «espace», comme lieu de l'intelligence collective, le problème consiste alors à trouver des modes d'intégration entre la mémoire et des formes de subjectivité et de communauté en apparence très différentes [2]. Une esthétique du virtuel, par rapport à cette finalité, ne peut représenter qu'un travail propédeutique. Nous pouvons cependant noter que la réflexion sur le concept de communauté a débouché sur un résultat essentiel pour penser le champ virtuel au sens propre, et ce résultat consiste dans la priorité de la relation par rapport à la subjectivité :

> Le *en* (le *avec*, le *cum* latin de la « communauté ») ne désigne aucun mode de la relation, si la relation doit être posée entre deux termes déjà fournis, entre deux existences données. Il désignerait plutôt un être *en tant que* relation, identique à l'existence elle-même : à la venue de l'existence à l'existence [3].

C'est un point sur lequel il faudra revenir.

La parenthèse étant close, poursuivons. Pour le moment, nous avons considéré le quasi-espace ou pré-espace virtuel, et nous avons rapidement fait allusion à sa dimension culturelle. Pour délimiter les frontières conceptuelles de l'espace virtuel, au moins dans sa dimension d'espace d'information, nous pouvons ajouter aux propriétés de connexion et d'interaction la caractéristique de la capacité

1. P. Lévy, *L'intelligence collective. Pour une anthropologie du cyberspace*, Paris, Éditions de la Découverte, 1997, p. 164-165.

2. On peut penser par exemple au phénomène des blogs et donc aux potentialités communicatives renouvelées de l'écriture autobiographique.

3. J.-L. Nancy, *La communauté désœuvrée*, p. 224-225. Ici Nancy peut se prévaloir d'une tradition phénoménologique complexe et glorieuse, personnaliste et même existentialiste, aujourd'hui maltraitée.

d'immersion; voyons néanmoins ce que cela veut dire. Suivons encore McFadden :

> 3) Il y a des agents qui peuvent transformer, abstraire et représenter l'information dans le cyberespace de telle sorte que les hommes puissent en avoir l'expérience de la même manière qu'ils ont une expérience de l'espace et des objets quotidiens du monde. Les hommes peuvent se trouver dans le cyberespace comme dans l'espace. Ceci est la partie « illusoire » de la définition originelle[1].

Mais nous ne devons pas penser l'espace virtuel comme une simple simulation de l'espace, pour ne pas perdre sa spécificité et la référence aux *agents* réalisées par McFadden ; ce dernier déplace opportunément l'attention sur le concept d'espace virtuel comme un espace d'action, espace actif, d'espace-événements qui, comme espace informatif, est un produit culturel[2], sachant que ce produit n'est pas seulement «externe» ou autre que le corps-esprit qui le perçoit et l'interprète, d'une altérité compréhensible au moyen d'opérations perceptives et mentales, mais plutôt interne-externe, car constitué par l'interaction et habité par l'interaction (je ne crois pas, comme on le soutient souvent, que cette spatialité soit actuellement réalisée par les réseaux télématiques, même si dans le futur il pourra y en avoir, éventuellement, une extraversion ; il ne me semble pas qu'il existe des motifs théoriques empêchant les sites de se structurer en espaces virtuels). À ce propos, Quéau a porté l'attention sur deux éléments intéressants : l'espace virtuel est, à son avis,

> une base de données graphiques interactives, explorable et visualisable en temps réel sous la forme d'images de synthèse tridimensionnelles de façon à donner la sensation d'une immersion dans l'image. Dans les formes les plus complexes, l'espace virtuel est un

1. T. McFadden, « *Note sulla struttura del cyberspazio e sul modello balistico ad attori* », p. 352.
2. Silvano Tagliagambe met en relief cette caractéristique dans *Il sogno di Dostoevskij*, Milano, Cortina, p. 265.

> authentique « espace de synthèse » dans lequel on peut avoir la sensation de se déplacer « physiquement » [1].

Émergent alors, malgré l'ambiguïté du terme « image », deux directions d'approfondissement : l'architecture de l'« espace de synthèse » ; et l'immersion *dans* l'image, ou « l'hybridation intime entre le corps même du spectateur-acteur et l'espace virtuel dans lequel il est immergé » [2]. En suivant la première direction, on devra affronter les thèmes liés à une physique des processus de l'espace virtuel ; en suivant la deuxième direction, on devra orienter la recherche vers une psychologie des processus. En ce qui concerne une physique de la spatialité discrète, les modalités productives organisatrices et donc architectoniques de l'espace virtuel prennent leur départ parfois, mais pas toujours, dans la destruction de l'espace continu, et procèdent de sa traduction en unités d'information jusqu'à sa réorganisation dans un environnement perceptible. En ce qui concerne l'architecture, au moins pour un niveau non encore spécifique de l'espace virtuel, on peut remarquer que

> une séquence de bit initialement sans forme, reçoit une forme d'un schéma de représentation et l'information émerge de l'interaction des données avec la représentation : des représentations différentes permettent d'identifier des corrélations différentes dans le même corps de données. Le mode d'apparaître est un effet successif, qui a son origine dans les multiples couches de schémas superposés qui agissent sur d'autres schémas, certains comme des données, d'autres comme des codes [3].

Si nous mettons provisoirement entre parenthèses le terme plurivoque de « représentation », nous pouvons remarquer que, dans l'espace virtuel, le standard d'interface doit être configurable par l'utilisateur à travers ses opérations : l'utilisateur entre ainsi dans la constitution de l'espace en prolongement de ses habitudes, de ses

1. P. Quéau, *Le virtuel. Vertus et vertige*, p. 13-14.

2. *Ibid.*, p. 14.

3. P. Novak, « *Architetture liquide nel cyberspazio* », *in* M. Benedikt (dir.), *Cyberspace*, p. 244.

attentes, de ses émotions, avec sa mémoire et son information, et il *donne lieu*, littéralement, à un espace-environnement qui peut-être n'est pas, ou n'est pas seulement une « fantaisie incarnée, construite sur une représentation fondamentale de notre imagination »[1], mais est en tout cas un lieu de relation. C'est pourquoi :

> Le cas du cyberespace souligne de manière claire comment ce que nous appelons la spatialisation de l'information n'est pas (c'est-à-dire n'est pas toujours et nécessairement) le résultat de la seule acquisition de l'information externe, mais qu'elle constitue, dans ce cas spécifique, le produit de la confluence entre cette dernière et l'information interne[2].

interaction perceptive

Nous devrons revenir sur la signification générale de cette structure relationnelle. Soulignons dès à présent comment cette structure émerge de l'analyse de l'espace virtuel avant tout comme espace perceptif[3], c'est-à-dire selon l'autre direction de la recherche ouverte par les notions d'interactivité et d'immersion. Limitons le champ à la perception visuelle. Je ne suis pas sûr à cet égard que l'on puisse appliquer l'idée gibsonienne du champ optique ambiant (*optic array*), à la description d'un espace interactif, s'il est vrai que ce champ décrit des règles d'invariance et des permanences de rapports[4] qui connectent des aires homogènes du champ visuel.

1. *Ibid.*
2. S. Tagliagambe, *Il sogno di Dostoevskij*, p. 269.
3. Tomás Maldonado s'occupe de l'espace virtuel comme espace perceptif dans *Critica della ragione informatica*, Milano, Feltrinelli, 1999, p. 156-177.
4. *Cf.* James J. Gibson, *The Ecological Approach to Visual Perception*, Houghton Mifflin, Boston 1986, chap. V, p. 123-158. Oscar Meo écrit à juste titre : « Gibson focalise son attention davantage sur les relations que sur les choses. C'est justement la constance relationnelle qui permet la reconnaissance des figures, malgré la variation de ces mêmes formes », in *Mondi possibili. Un'indagine sulla costruzione percettiva dell'oggetto estetico*, Genova, Il Melangolo, 2002, p. 148. Il s'agit des relations entre objets, et non des objets qui sont des

Peut-être ne peut-on décrire des règles d'invariance que si l'on suppose l'existence d'objets certainement sujets au changement, mais dotés d'une structure en soi stable. Je trouve convaincante la théorie de la perception visuelle d'Arnheim[1] parce qu'elle se rapproche de la description de l'interaction :

> Si dans toute expérience visuelle, la forme, la couleur et le mouvement possèdent des propriétés dynamiques, surgit une interrogation plus explicite : comment la dynamique entre-t-elle dans le perçu ? [...] La matière des stimuli qui rejoint nos yeux acquiert une dynamique alors qu'elle est élaborée par le système nerveux [...] La perception reflète une invasion de l'organisme par des forces externes qui altèrent l'équilibre du système nerveux. Un trou s'ouvre dans le tissu résistant [...] À aucun moment la stimulation ne se fige dans une disposition statique[2].

On pourrait alors soutenir que dans le champ visuel se déroule une action synergique dans laquelle «s'ouvre un trou dans le tissu résistant» du corps virtuel, au-delà du corps doté de prothèses de l'utilisateur. Même la structure du perçu reflète une invasion de la part de forces *relativement* externes, et est configurée par elles en sa qualité de phénomène, ou comme horizon de qualité expressive. Il est clair que la structure dynamique du champ virtuel est différente des rapport aux champs qui ont intéressé le travail d'Arnheim, qui nous a opportunément appris à tenir compte de la valeur spécifique du medium. Mais il me semble que certains lieux importants de la théorie de la perception visuelle d'Arnheim peuvent justement servir à la compréhension de la configuration du champ virtuel comme

relations, c'est-à-dire qu'un champ est considéré comme structurellement différent de celui que nous sommes en train d'examiner.

1. Evidement, j'utilise ce qui peut me servir de la remarquable proposition d'Arnheim ; je n'entends pas discuter les concepts clés de la théorie, par exemple la cohérence de la notion de prégnance, et je ne suis pas intéressé non plus par le rapport entre psychologie et art articulé par Arnheim (dont le problème de ce qu'il entend par « art » etc.).

2. R. Arnheim, *Art and Visual Perception. A Psychology of the Creative Eye. The New Version*, Berkeley-Los Angeles-London, University of California Press, 1974, p. 437-438.

champ de perception interactive. En ce qui concerne le thème de la configuration (*shape*) nous trouvons chez Arnheim l'essentiel :

> Le processus optique qui est décrit par les physiciens est bien connu [...] Mais comment devrons-nous concevoir l'expérience psychologique correspondant à ces événements ? [...] Le monde des images ne se contente pas de s'imprimer simplement sur un organe fidèlement sensible ; au contraire, en regardant un objet, nous « tendons plutôt la main » vers lui : avec un doigt invisible nous nous déplaçons dans l'espace qui nous entoure, nous nous transportons dans les endroits lointains où sont les objets, nous les « touchons », les attrapons, nous en palpons les surfaces, nous en parcourons les contours, nous en interrogeons la structure. Il s'agit en réalité d'une activité très active [1].

Cette description claire et convaincante de l'expérience psychologique correspondant à l'activité perceptive (description de la valeur haptique de la vision, si merleau-pontienne), se révèle une bonne description de la relation avec le corps virtuel. On trouve chez Arnheim, dans les limites bien sûr d'une théorie de la perception *visuelle*, l'essentiel pour comprendre les conditions de possibilité de la perception interactive. Il est clair en fait que pour Arnheim la vision ne procède pas simplement du particulier au général, puisque ce sont les configurations structurelles qui en constituent les données primaires, si bien qu'on ne peut accepter une relation empirique entre la donnée sensible et la représentation (ou mieux l'*image* mentale). Il est clair également que, les configurations structurelles constituant des *données* primaires, on n'a pas affaire à un constructivisme absolu ; mais d'un autre côté, ces données étant *primaires*, nous n'avons pas non plus affaire à un processus abstractif, qui du perçu d'ordre sensible et d'ordre intelligible conduirait à l'universel. Or, d'un côté cette théorie est utile à l'élaboration d'environnements virtuels puisqu'elle implique que la simulation des qualités perceptives peut ne pas s'appuyer sur des ressemblances ponctuelles, mais

1. R. Arnheim, *Art and Visual Perception*, p. 42-43.

s'orienter sur les caractéristiques prééminentes qui permettent l'identification et peuvent provoquer « l'impression de représenter la chose "complète" et "réelle" ; [1] mais c'est surtout le problème qu'elle soulève qui est important et fécond, celui de l'absence explicite de schéma stimulant particulier :

> La nouvelle théorie pose un problème particulier : les configurations structurelles globales dont on suppose qu'elles constituent le perçu, ne sont de toute évidence pas fournies explicitement par un schéma particulier de stimuli [...] le stimulus de configuration semble entrer dans le processus perceptif seulement en ce sens qu'il évoque dans le cerveau un schéma spécifique de catégories sensorielles généralisées, qui « font office » de stimulation [...], les perceptions ne peuvent contenir le stimulus matériel « en soi-même », ni totalement, ni partiellement [2].

Arnheim pose donc le problème de la spontanéité de la perception, c'est-à-dire de la constitution d'un schéma formel. À ce propos il utilise, comme on sait, l'expression « concepts perceptifs », en n'entendant pas par cette expression interpréter la perception comme un acte intellectif, mais en s'appuyant sur une analogie : dans la perception ont lieu des opérations qu'une certaine tradition considère comme propres à la pensée, si bien que la perception dans son ensemble, mais aussi dans ses traits différenciables, peut être comprise comme *analogon rationis*, dans la lignée de la tradition de l'esthétique moderne inaugurée par Baumgarten, mais aussi avec des accents, des modalités et des voies diverses accueillies autant par la phénoménologie que par l'herméneutique au cours du XIXe siècle. Supposer que la configuration soit la donnée primaire de la perception, et en même temps qu'elle ne soit pas fournie par un schéma de stimuli particulier, est riche d'implications nombreuses intéressant le virtuel. En premier lieu, on peut l'adapter au virtuel comme théorie de l'interaction : « la forme perceptive est le résultat de l'interaction

1. *Ibid.*, p. 44.
2. *Ibid.*, p. 45.

entre l'objet physique, le médium de la lumière qui agit comme transmetteur d'informations, et les conditions prévalentes du systèmes nerveux de l'observateur » ;[1] maintenant, si l'objet *physique* (quel que soit le sens dans lequel on veut entendre le terme) n'est pas la « forme perceptive », alors il est possible d'interpréter l'objet comme résultat de l'interaction et nous tenons, sous une forme approchée, un trait important d'une théorie de la perception dans le champ virtuel. Il est clair que nous ne pouvons pas simplement exporter la théorie de la perception d'Arnheim dans le champ virtuel, mais nous sommes sur la bonne route. Par exemple, si comme Arnheim le dit explicitement, nous comprenons l'influence du passé perceptif dans le « système nerveux de l'observateur », et si nous pensons ce passé dans le sens étendu d'une mémoire qui contribue à la configuration, nous acquérons un nouveau trait de la théorie. Concernant le thème de l'*influence* du passé sur la configuration du perçu, Arnheim note :

> Chaque expérience visuelle est insérée dans un contexte d'espace et de temps. Comme l'aspect de l'objet est influencé par celui des objets voisins dans l'espace, de la même manière il est influencé par les expériences visuelles qui l'ont précédé dans le temps. Mais reconnaître ces influences ne veut pas dire que la forme et la couleur de l'objet sont automatiquement modifiées par tout ce qui les entoure ; ou, pour pousser l'argumentation jusqu'à ses conséquences extrêmes, que l'aspect de l'objet est seulement la somme de toutes les influences exercées sur lui[2].

Un corps virtuel n'est certainement pas modifié *automatiquement* par ce qui l'entoure, et pourtant c'est un corps, puisqu'il apparaît et pour autant qu'il apparaît, un corps qui constitue les perceptions de l'utilisateur. Celles-ci sont toujours spatio-temporelles, au moins en ce sens qu'elles sont des perceptions d'événements (car le corps virtuel est spécifiquement un objet-événement) et, en ce qui concer-

1. R. Arnheim, *Art and Visual Perception*, p. 47.
2. *Ibid.*, p. 48.

ne le corps virtuel, en ce sens qu'elles sont une rencontre entre une mémoire globale, ou une mémoire qui correspond aux possibilités d'interprétation et d'action du corps-esprit de l'utilisateur, et une mémoire informatique dont le langage est structuré à plusieurs niveaux. De toute évidence, à l'origine de la mémoire informatique se trouve une autre mémoire, ou plus d'une, une mémoire globale avec son savoir technologique et ses intentions informatives déterminées. Le champ d'interaction, ou environnement virtuel, est ensuite rendu efficace par l'implémentation *hardware*, dont les spécificités désignent les limites des possibilités d'interaction, et donc de modification, du corps virtuel. C'est pourquoi même dans l'environnement virtuel, «ce que nous voyons est simplement déterminé par ce que nous avons connu précédemment» ; dans l'environnement virtuel il se révèle plus clairement «que les traces mnésiques des objets familiers peuvent influencer la configuration que nous percevons»[1]. En réalité, une théorie de la perception en environnement virtuel concerne les événements, puisque le corps virtuel est un objet-événement, et cela implique une réflexion sur le temps, que l'on tentera; en attendant, Arnheim nous a permis de concentrer l'attention sur l'essentiel : l'*absence* explicite d'un schéma de stimuli particulier, qui représente le point d'infléchissement entre une conception passive et une conception constitutive de la perception, permettrait d'interpréter comme exploration et comme constitution une activité qui en réalité est un entrelacs d'activité et de passivité, séparables seulement au niveau de l'analyse. Dès qu'on s'interroge sur la relation entre configuration et forme, cela implique des conséquences remarquables sur l'identité de l'objet perçu («L'identité d'un objet visuel dépend [...] non pas tant de sa configuration comme telle que du squelette structurel crée par la configuration»)[2], et corrélativement, sur l'identité de l'objet construit, coupant à la racine toute conception banalement mimétique ou «illusionniste» de la

1. *Ibid.*, p. 49.
2. *Ibid.*, p. 98.

construction, artistique ou non, d'images. Il peut donc être intéressant de souligner comment cette absence, ce vide, ce manque signalé par Arnheim ouvre une dimension qui échappe à la computation[1]. Pour Arnheim, en réalité, les concepts visuels dérivés des expériences perceptives ne se confondent pas avec les images eidétiques, « vestiges philosophiques de la stimulation directe »[2]; maintenant, la condition de possibilité de la *différence* entre les processus cognitifs et ceux de la computation consiste justement dans le don d'une absence, dans l'ouverture d'un manque, dans la présence à l'intérieur d'un processus continu d'un lieu d'interruption. Mais à la différence, par exemple, de la lecture sartrienne qui dans l'imagination recueille un moment d'anéantissement constituant la conscience comme liberté, Arnheim accentue l'aspect constitutif permis par le manque : sans confondre les concepts perceptifs avec les concepts représentatifs, ni les processus avec les produits, Arnheim met en lumière leur différenciation graduelle puisque la perception elle-même est une exploration qui recueille des formes[3]. D'où une thématisation de la dynamique expressive, de la dynamique perceptive et interprétative, qui dépasse l'horizon significatif de la représentation propositionnelle en direction de l'expression symbolique. Nous ne développerons pas ce thème ici, qui nous déporterait vers des notions mêlées d'art et de symbolisme, mais il est important de remarquer pour une esthétique du virtuel que les qualités expressives sont un aspect dynamique de la perception, psychologiquement corrélatif de tensions qui, au niveau neurophysiologique et en général biologique, s'activent pour organiser les phénomènes et produire des concepts perceptifs, jeu de forces qui dynamisent intrinsèquement des formes et des dimensions, et dont la représentation se révèle pour ainsi dire une métaphore des forces de l'esprit. Maintenant, vu sous cet angle, le *pattern* visuel sera toujours décliné au futur, il sera toujours

1. *Cf.* L. Pizzo Russo, *Le arti e la psicologia*, Milano, Il Castoro, 2004, p. 176-177.
2. R. Arnheim, *Art and Visual Perception*, p. 101.
3. *Ibid.*, p. 181.

irréductible à une dialectique entre des polarités statiques (sujet-objet, interne-externe) et préconstruites, et il sera plutôt pensable comme un sens qualitativo-expressif qui se constitue dans l'interaction. De ce point de vue se révèle essentielle pour une esthétique du virtuel la différence indiquée par Arnheim entre qualités adjectives et adverbiales[1] ; cela revient en effet à soutenir que les qualités esthétiques, étant adverbiales, ont quelque chose à voir avec les modes du verbe, c'est-à-dire avec l'action qui, dans le cas de la perception, est une interaction. Les qualités esthétiques ne sont pas à proprement parler des *contenus* de l'expérience, déductibles de synthèses passives, mais elles appartiennent plutôt à la dynamique interactive, temporelle, éventuelle, effective. Et cette dynamique qui est une genèse qualitative, ou une genèse du sens, est *constitutive* du champ virtuel. Si nous devions appliquer l'idée de propriété expressive adverbiale à ce que nous pouvons appeler génériquement le « monde de l'art » et des productions soi-disant artistiques, opération réalisée par Arnheim surtout par rapport aux arts figuratifs, nous pourrions en remarquer la grande puissance explicative, surtout si nous augmentions, pour ainsi dire, le taux d'attention à la densité historique ou aux stratifications culturelles qui ont des répercussions sur les qualités expressives. Mais l'idée me semble vraiment utile pour comprendre les tentatives de l'art interactif, qui peut-être ne sont pas encore des exemples d'art virtuel, mais vers quoi tendent, comme vers leur limite, différentes techniques de production[2]. En d'autres termes, en vertu de sa spécificité le médium virtuel apparaît, par rapport à l'idée de qualités adverbiales, un excellent champ d'application de la

1. Sur cette distinction, *cf.* E. Franzini, « *La rivelazione della realtà : espressione e simbolo in R. Arnheim* », *in* L. Pizzo Russo (dir.), *Rudolf Arnheim : arte e percezione visiva*, "Aesthetica Preprint : Supplementa", 14, 2005.

2. Pour de Kerckhove, qui a inventé l'expression singulière "Art volcanique" : « L'art naît de la technologie. Il est la force contraire qui contrebalance les effets dirimants des nouvelles technologies dans la culture. L'art est l'aspect métaphorique de ce que cette même technologie utilise et critique », *in* Ch. Dewdney, *La pelle della cultura. Un'indagine sulla nuova realtà elettronica*, Genova, Costa & Nolan, 1996, p. 174 ; sur l'esthétique de Kerckhove, *cf.* L. Scacco, *Estetica mediale*, Milano, Guerini, 2004, p. 27-39.

théorie, s'il est vrai que l'histoire des installations interactives a mené progressivement l'interaction d'une participation sensorielle à une participation médiatisée par un interface envahissant mais transparent; c'est pourquoi la machine devient l'organe de la participation du spectateur, en le transformant en acteur-spectateur. Au niveau du travail sur la visibilité, on pourrait rappeler à titre d'exemple l'installation de Christa Sommerer et Laurent Mignonneau, *HAZE Express* (1999), dans laquelle le visiteur transforme et redessine les qualités d'un paysage visible de la fenêtre d'un train en en touchant la surface ; ou l'*Anamorphose numérique* (2002) de Miguel Armiron[1], ou encore l'installation de Studio Azzuro ; *Meditazioni mediteranee* (2003). Il s'agit chaque fois de tenter de situer le spectateur dans cette zone intermédiaire de l'interface qui rend possible une action telle qu'elle peut provoquer des mutations qualitatives et donc perceptives complexes. Avec ces expérimentations, l'environnement-œuvre se configure justement comme un environnement-interface, et pas encore comme un environnement-monde virtuel : « on peut définir l'interface comme une machine : un dispositif fonctionnel, opératif, sans résidus, sans incrustations, sans bruit. Un interface comme espace transparent, comme espace circulaire, comme espace de la circulation [..], espace dans lequel il n'y plus des objets mais des flux » [2].

Dans l'environnement-monde virtuel, l'environnement ne semble pas seulement interactif mais constitué par l'interaction, c'est le corps qui joue le rôle de l'interface, qui constitue l'histoire relationnelle de l'environnement[3]. Il s'agit bien d'un environnement

1. Pour la description, *cf.* F. de Mèredieu, *Arts et nouvelles technologies*, p. 158.

2. E. Quinz, « *Interface world. Mutazioni della scena : dal testo all'ambiente* », in *La scena digitale*, Venezia, Marsilio, 2001, p. 328-329.

3. Certaines théorisations et applications en milieu théâtral tentent de transiter de l'environnement-interface à l'environnement-monde, par exemple l'expérimentation *Intelligent stage* di Robb Lowell auprès de l'Institute for Studies in the Arts (Arizona). *Cf.* A. M. Monteverdi, « *Per un teatro tecnologico* », in *Le arti multimediali digitali*, p. 247-348.

résultant d'une intégration naturelle, artificielle, d'un homme-machine : « un tel couplage génère une synergie intense et d'une nature nouvelle, inconcevable autrement [...] Le monde limpide et froid de l'algorithme et le monde organique et psychique des sensations et des gestes, [...] sont sommés de s'entrecroiser à travers la paroi poreuse des interfaces »[1].

note sur le temps

Cependant la conception arnheimienne des propriétés expressives adverbiales ouvre d'autres perspectives : elle implique presque naturellement l'élaboration d'une philosophie de l'expression qui pourrait fournir un cadre conceptuel pour décliner, dans la spécificité du corps-environnement virtuel, des catégories esthétiques classiques comme la *mimesis*, la représentation, l'image. Mais les philosophies qui, à mon avis, ont pensé de manière profonde la catégorie de l'expression en qualité de principe structurel et en même temps de compréhension de la réalité sont celles, alternatives entre elles[2], de Spinoza et Leibniz. Que l'on songe seulement que pour Spinoza, l'événement ou chose singulière, identité de corps et idée et en même temps affection du corps et image de l'esprit, est une *expression* certaine et déterminée de la libre puissance de la nature, c'est-à-dire des attributs de la substance ; et que pour Leibniz la monade est un monde-univers concentré en un point de vue expressif ou une perspective qui est le tout du monde. Il n'y a pas besoin d'expliciter ces puissants modèles[3] (même si nous devrons revenir

1. E. Couchot, *La technologie dans l'art. De la photographie à la réalité virtuelle*, Nîmes, J. Chambon, 1998, p. 144.

2. *Cf.* R. Diodato, « *Spinoza, Leibniz : alternative per l'estetica* », *in* AAVV, *Il paesaggio dell'estetica. Teorie e percorsi*, Torino, Trauben, 1997, p. 195-203.

3. Evidemment sur Spinoza il est de rigueur de renvoyer à G. Deleuze, *Spinoza et le problème de l'expression*, Paris, Minuit, 1968 ; sur Leibniz nous avons désormais le travail remarquable d'Antonio Somaini, *Espressione, proiezione, rispecchiamento. La teoria leibniziana della rappresentazione*, Thèse de doctorat de recherche en philosophie XIII cycle, années académiques 2001-2002, qui rend également compte de la littérature sur ce thème.

sur la structure de Leibniz, sur le point précis qui intéresse spécifiquement le virtuel). Je me contesterai ici de rappeler que Wunenburger a vu opportunément dans ces philosophies le lieu d'émergence de l'idée d'« image expressive »[1]. Mais l'important toutefois est que les qualités expressives sont un aspect *dynamique* de la perception, et qu'on ne peut en saisir la signification en sectionnant en parties l'activité perceptive. Il sera donc crucial, du point de vue d'une psychologie de la perception qui veut inspecter le champ virtuel, d'en étudier les mutations qualitatives. Plus généralement, cela signifie qu'une théorie de la perception des corps virtuels devra tenir compte du temps, ou au moins considérer qu'une géométrie de l'espace-temps n'est jamais donnée *a priori*, et que la constitution du champ exige une attention à la particularité de sa matière. Ceci conduit d'un côté à approfondir une ontologie du corps virtuel, de l'autre, en vertu de la nature éventuelle des objets virtuels, à étudier la perception des événements (qui a des antécédents historiques illustres). Certes, il n'est pas facile d'établir la notion d'événement et la conception du temps qui lui est corrélative ; en outre, la notion même de « temps de présence psychique » est problématique ; il s'agit néanmoins d'un programme important puisque, non seulement il y a « des cas dans lesquels le fait perceptif se réalise seulement sur la base d'un contenu de conscience étendu dans le temps »[2], mais plus radicalement, il n'y a pas de cas dans lesquels cela n'arrive pas. Il ne s'agit pas seulement ici d'un problème de mesure, puisqu'il n'est pas facile et peut-être pas possible de faire coïncider le temps physique[3] (quand bien même on le définirait, et en supposant qu'il

1. *Cf.* J.-J. Wunenburger, *Philosophie des images*, p. 123-126.

2. L. W. Stern, « *Il tempo di presenza psichico* » (1897), *in* G. Vicario-E. Zambianchi, *La percezione degli eventi. Ricerche di psicologia sperimentale*, Milano, Guerini, 1998, p. 31.

3. Pour une approche des problèmes philosophiques liés au temps et interprétés du point de vue de la physique, *cf.* M. Pauri, « *La descrizione fisica del mondo e la questione del divenire temporale* », in *Filosofia della fisica*, G. Boniolo (dir.), Milano, Bruno Mondadori, 1997, p. 245-333.

puisse être mesuré) avec le temps psychologique[1]. Si la compréhension du virtuel est compréhension d'un objet-événement, et comme telle est compréhension d'une dynamique temporelle[2], ou en d'autres termes, si l'objet-image virtuel n'est pas pensable comme interactif, comme statique ou simplement comme présent, alors il sera approprié d'examiner de façon plus précise la question du temps. Si l'on se situe du point de vue d'une psychologie de la perception, il est possible d'affirmer que même les objets sont des événements, et d'établir une table de correspondance entre constance du stimulus et type de perception; de ce point de vue, ce que nous percevons comme «objet», ce seront des événements, ou si l'on veut des «incidents», relativement stationnaires, alors que des événements non stationnaires seront relatifs à un stimulus variable et seront perçus comme des mouvements et des mutations qualitatives; ainsi à la description physique de la variation relative et à la constance de la stimulation (par exemple variable localement dans l'espace et constante dans les phases, mais non entre les phases; variation qui donc reste sous le seuil de perception du mouvement et de la mutation qualitative), on pourra accorder les descriptions phénoménales des événements quasi stationnaires ou quasi continus ou celles des pseudo-événements[3]. Tout ceci n'est pourtant pas suffisant, parce que le rapport stimulus-perçu n'est pas un rapport de causalité linéaire s'il est vrai que, dans la cause, l'effet n'est pas présent *virtuellement*; de plus, la traduction directe entre temps physique et temps phénoménal est problématique; il est clair qu'il est nécessaire d'interroger le problème de l'événement comme

1. Sur ce problème voir G. Vicario, « *Tempo della fisica e tempo della psicologia* », p. 69-99. *Cf.* également M. Dorato, *Futuro aperto e libertà Un'introduzione alla filosofia del tempo*, Roma-Bari, Laterza, 1997, en particulier p. 248-265.

2. Sur ce problème relatif aux productions artistiques, voir l'interview de Christine Buci-Glucksmann à Edmond Chouchot, «*Arts et temps virtuels* », dans *L'art à l'époque du virtuel*, Ch. Buci-Glucksmann (dir.), Paris-Budapest-Torino, L'Harmattan, 2003, p. 95-101.

3. Sur tout cela voir G. Vicario, *Introduzione a La percezione degli eventi*, p. 12-14.

problème de la relation objet-temps, ou pour utiliser des termes traditionnels, être-devenir.

Pour montrer les apories du concept de temps présent, et afin d'éclaicir la temporalité du corps-événement virtuel, plaçons-nous tout de suite à un niveau élevé de réflexion en nous appuyant sur l'analyse proposée par Derrida dans « *Ousia* et *grammè* ». Comme on sait, Derrida s'interroge sur la note fondamentale d'*Être et temps* dans laquelle Heidegger inspecte le «concept vulgaire» de temps établi par Aristote[1]. L'interrogation est justifiée par la nécessité d'affronter le problème du «temps» en vue de la destruction de l'ontologie traditionnelle : le lien essentiel entre être et temps est interne aux notions, originairement temporelles, de présent, de présence, de *parousia*, d'*ousia*. La situation produite est circulaire : une certaine sémantisation du concept de temps implique un sens de l'être comme *parousia*, et en même temps, la notion de *parousia* implique une lecture déterminée du phénomène du «temps». Derrida écrit à ce propos : «de Parménide à Husserl, le privilège du présent n'a jamais été mis en question. Il n'a pas pu l'être. Il est l'évidence même, et aucune pensée ne semble possible hors de son élément»[2]. C'est pourquoi le passé et le futur doivent être, et sont pensés dans la forme de la présence : comme présents passés, ou présents futurs; or Heidegger *semble* s'élever contre tout cela. La stratégie mise en scène par Derrida pour lire la critique heideggérienne d'Aristote est bien évidemment complexe, glissant continuellement entre des textes de Kant, Hegel et Bergson, et les mélangeant; en outre, cette stratégie ouvre des problèmes remarquables au niveau théorétique, souvent marginalisés exprès dans les notes; mais tout cela sera laissé à l'arrière-plan, car ce qui nous intéresse ici est de pointer l'attention

1. Note dans laquelle Heidegger soutient, comme on le sait, que le traitement hégélien du temps dépend essentiellement de celui d'Aristote. Dans la traduction d'E. Martineau, Paris, Authentica, 1985, la note se trouve aux p. 293-294.

2. « *Ousia* et *grammè*. Note sur une note de *Sein und Zeit* », dans *Marges de la philosophie*, Paris, Minuit, 1972, p. 36.

progressive portée par Derrida aux concepts de nombre (nombré ou nombrant) et de *grammè*. Cette attention fait émerger de manière primaire par rapport au décret aristotélicien, un sens que je dirai *ontologico-différentiel* de la structure du maintenant (*nun*) :

> Ne pas pouvoir co-exister avec un autre (même que soi), avec un autre maintenant, cela n'est pas un prédicat du maintenant, c'est son essence comme présence. Le maintenant, la présence en acte du présent est constitué comme l'impossibilité de coexister avec un autre maintenant, c'est a dire avec un autre-même-que-soi. Le maintenant *c'est* (au présent de l'indicatif) l'impossibilité de coexister *avec soi* : avec soi, c'est-à-dire avec un autre soi, un autre maintenant, un autre même, un double[1].

Mais cette impossibilité se démontre comme possibilité de l'impossible :

> L'impossible (la coexistence entre deux maintenants) n'apparaît que dans une synthèse (entendons ce mot de facon neutre en n'y impliquant aucune position, aucune activité, aucun agent), disons une certaine complicité ou co-implication *maintenant* ensemble plusieurs maintenants actuels dont on dit que l'un est passé et l'autre futur [...] Le temps est un nom de cette impossible possibilité[2].

Laissant donc de côté le problème du nombrant, ou de l'opérateur de la synthèse qui, selon Aristote, est le problème de l'éventuel sens de la détermination ontologique de l'âme par rapport au temps, le discours derridien souligne la nécessité du nœud entre co-implication du maintenant et complexe temps-espace : l'espace comme coexistence possible (la co-implication qui *maintient ensemble*) devient, puisque celle-ci est temporalisée, espace de la coexistence impossible. En d'autres termes : le temps ne peut être pensé qu'en relation avec l'espace, mais l'espace perd son sens de coexistence possible s'il est pensé en relation complexe avec le temps, puisqu'il

1. *Ibid.*, p. 63.
2. *Ibid.*

est impossible que deux maintenants coexistent. Non seulement il est impossible de penser le temps sans espace, mais aussi l'espace sans le temps. Or comme on le sait pour Aristote, le complexe temps-espace est montré dans la parole *ama* :

> *Ama* veut dire en grec « ensemble », « tout à la fois », tous les deux ensemble, « *en même temps* ». Cette locution n'est d'abord ni spatiale ni temporelle [...] Elle dit la complicité, l'origine commune du temps et de l'espace, le com-paraître comme condition de tout apparaître de l'être. Elle dit d'une certaine manière la dyade comme le minimum [1].

Le mot *ama*, donc, désignant la nécessaire mais impossible possibilité de lier le temps et l'espace, décrit une aporie : la nécessité de penser le maintenant comme un point, avec cependant la conscience que « le maintenant n'est pas le point puisqu'il n'arrête pas le temps, n'en n'est ni l'origine, ni la fin, ni la limite. Du moins, n'est-il pas limite *en tant qu*'il appartient au temps » [2]. Donc le maintenant doit, et en même temps ne peut pas être pensé comme point; c'est pourquoi, il ne peut pas être pensé comme une *partie* en acte, c'est-à-dire comme point d'une ligne qui soit *par soi* en acte ; et corrélativement, le temps ne pourra pas être pensé comme une *série* de points sur une ligne. Mais cela n'interdit pas que l'on puisse tout de même conserver l'analogie du *grammè*, puisque le temps continue à être pensé comme une ligne en acte : le maintenant comme point toujours inactuel peut et doit être pensé et donc se présenter, être présent, comme ce qui par essence appartient au *grammè*. En d'autres termes : s'il n'est pas possible de penser le temps comme analogue à une *certaine structure*, disons abstraite, du *grammè* (entendu comme *série* de points-parties), cela ne veut pas dire qu'il n'est pas nécessaire de maintenir l'analogie entre temps et *grammè*, même si celui-ci est considéré « non pas comme *série* de limites potentielles mais

1. « *Ousia* et *grammè* », p. 63-64.
2. *Ibid.*, p. 69.

comme ligne en acte, comme ligne pensée à partir des extrémités »[1]. Un *grammè* réalisé et actuel, donc présent à la pensée, constitue la condition de possibilité du temps, de l'inscription du temps dans la pensée. C'est pourquoi :

> Le *temps* ne serait alors que le nom des limites dans lesquelles le *grammè* est ainsi compris et, avec le *grammè*, la possibilité de la trace en général. *On n'a jamais rien* pensé d'autre sous le nom de *temps*. Le temps est ce qui est pensé à partir de l'être comme présence et si quelque chose – qui a un rapport au temps, mais n'est pas le temps – doit être pensé au-delà de la détermination de l'être comme présence, il ne peut s'agir de quelque chose qu'on pourrait encore appeler *temps*[2].

S'ouvre alors le thème, ou le problème, de l'impossibilité de sortir de cette ligne de pensée en acte qui constitue la dynamique comme une théologie, une tension ordonnée de l'inaccompli comme tel dans l'horizon de l'accompli. Grammaticalement, la ligne se ferme sur elle-même, elle devient cercle. La sortie du cercle est impossible parce qu'une pensée contraire ou inverse est interne aux potentialités de la pensée métaphysique qui, si elle peut s'en charger, peut non seulement la supporter mais aussi la supporter dans un jeu d'assujettissement et de soustraction « autant à la dé-limitation de la métaphysique comme pensée du présent, qu'à son simple renversement »[3]. Remarquons, pour revenir sur ce point à la compréhension du virtuel, que soit on entend le maintenant comme part constitutive du temps, soit on l'entend comme partie accidentelle et étrangère ; dans les deux cas,

> L'énigme du maintenant est maitrisée dans la différence entre l'acte et la puissance [...] *D'une part*, le temps, comme nombre du mouvement, est du côté du non-être, de la matière, de la puissance, de l'inachèvement. L'être en acte, l'énergie n'est pas le temps, mais la

1. *Ibid.*, p. 69.
2. *Ibid.*
3. *Ibid.*, p. 72.

> présence éternelle [...] Mais, *d'autre part*, le temps n'est pas le non-être et les non-êtres ne sont pas dans le temps. Pour être dans le temps, il faut avoir commencé à être et tendre, comme toute puissance, vers l'acte et la forme [1].

Ce qui reste (le reste) est la conception de l'*ousia* comme *parousia*. Conclusion : contrairement à l'opinion de Heidegger, il n'y a pas de «concept vulgaire de temps», c'est-à-dire un concept «métaphysique» de temps auquel il soit possible d'en opposer un autre. Parce qu'il n'y a pas un *autre* concept : «à vouloir produire cet *autre* concept, on s'apercevrait vite qu'on le construit avec d'autres prédicats métaphysiques ou onto-théologiques» [2]. Le «temps» appartient alors à la conceptualité métaphysique.

Réfléchir sur le temps (qui, on l'a vu, est en même temps un espace ou un lieu), implique donc de parcourir la frontière de cette conceptualité. L'impossibilité de dépasser cette frontière pour avancer vers un temps-espace originel, primordial, authentique, a été dénoncée à plusieurs reprises. Mais en fin de compte, on a affaire à la gestion philosophique d'un reste de nihilisme. Il est certainement vrai que «maintenant x est non-x», non parce que le temps en tant que nombre du devenir présuppose une multiplicité d'unités isolées, indépendantes, différents «maintenant» sectionnés et séparés de la totalité, et pour cette raison rendus indifférenciés, mais plutôt parce que le «maintenant» est toujours une expérience de l'apparaître (ou bien de l'apparaître de l'expérience; dans un autre langage on dirait : l'ouverture d'un monde, ou mieux : un lieu dans lequel la différence qui ouvre le monde se fait événement) ; et cette unité de l'expérience, c'est-à-dire ce positif qu'est l'apparaître de l'être, devient néant. Or justement, ne pouvant entendre le maintenant seulement abstraitement comme un être-point, de cet être qu'est le maintenant, on prêche le néant par nécessité. Mais ce sens simple et banal du devenir

1. « *Ousia* et *grammè* », p. 71-72.
2. *Ibid.*, p. 73.

temporel peut-il produire du sens?[1] Ici le discours peut de nouveau s'ouvrir en direction du virtuel. En fait, la pensée qui touche d'une manière cohérente à la situation (décrite plus haut), aporétique au moins en apparence, pense la relation comme une rencontre entre êtres dotés de capacités de développement, ou comme actualisation d'une potentialité présente dans les êtres en acte. On doit alors tirer au clair si le virtuel suit la même logique. Or la métaphore du temps qui passe, ou, si l'on préfère, l'expérience du devenir implique l'apparition de nouveauté : elle dit une non-répétition qui implique une nouveauté à la fois absolue et relative; c'est ce qu'exprime la dialectique entre puissance et acte pour qui le devenir est l'acte d'un être en puissance, en tant qu'il est en puissance, et c'est pourquoi la nouveauté qui est l'expérience même de ce qui n'était pas, est relative à ce que l'acte permet. Maintenant, puissance et acte sont les co-principes de l'être (de n'importe quel être) et cela implique que la nouveauté (le futur) ne vient pas de rien, et qu'elle ne surgit pas d'un autre, ou de l'extérieur, pour ainsi dire, de l'être qui devient : le devenir change intrinsèquement l'être et ne peut être confondu avec un mouvement simple ou compliqué d'ajout ou de soustraction de parties. Il arrive donc une nouveauté d'être qui a une raison d'être dans l'être en acte, qui possède cette nouveauté en puissance, c'est-à-dire intrinsèquement, authentiquement, puisque la puissance est un principe de l'être. Dans ce processus la puissance ne devient pas un acte, on aurait dans ce cas une répétition à l'infini de la relation puissance-acte, mais c'est plutôt l'être qui actualise la potentialité, ou qui explicite ses propres potentialités. Puissance et acte ne sont donc

1. Derrida, dont peu après sa mort je veux me souvenir comme l'un des plus grands philosophes du XXe siècle, a tenté la construction d'une philosophie quasi-transcendantale, autrement dit affrontée à la nécessité pour le travail philosophique de définir des conditions transcendantales de pensabilité de l'expérience ; une philosophie nécessairement poussée à établir l'impossibilité de telles conditions, ou mieux, à poser que ces conditions sont des possibilités-impossibles ; c'est pourquoi le travail philosophique serait structurellement lié à une situation aporétique. L'exhibition de ces conditions prend différents noms dans les textes de Derrida (don et pardon, spectre, Messie etc.).

pas des êtres en relation réciproque intrinsèque et nécessaire, mais des principes distincts de l'être, c'est pourquoi leur consistance ontologique est leur rapport; ils sont donc des relations transcendantales : principe déterminant et déterminé, l'acte est un principe déterminable et indéterminé, la puissance. Remarquons que je n'ai fait aucune référence aux concepts de substance et d'accident, ou de matière et de forme, ni de cause finale ou efficiente, et je n'ai pas distingué non plus entre puissance active et puissance passive, ni entre cause *essendi* et cause *fiendi* ; que je n'ai donc pas soutenu que l'être est identifiable comme autre que son devenir, ou permanent par rapport au devenir[1] ; peu importe que la position ontologique soit phénoméniste plutôt que substantialiste, idéaliste plutôt qu'empiriste. Je demande seulement si l'on peut penser l'être comme événement sans penser la relation puissance-acte. Je pense que non, à moins que l'on ne renonce au sens du temps, du devenir, à la nouveauté qu'il comporte, au sens de la construction et de la dissolution, et qu'on ne soutienne pas que tout est éternel. Le virtuel nous pousse cependant à penser cette relation d'une certaine manière, une manière qui, certes, configure son champ et qui peut avoir aussi des conséquences intéressantes. Pour le comprendre nous devons cependant approfondir le concept de virtuel.

1. On pourrait cependant montrer que le rapport puissance-acte, comme pensée du devenir, exprime une analogie avec la relation entre l'acte d'être et l'essence, comme co-principes réellement distincts de l'être, le premier comme fondement de la positivité, le second de la limite de cette positivité ; de même qu'à l'essence de l'être appartient la même possibilité de non-être de l'être.

chapitre 6
le concept de virtuel

Nous avons déjà esquissé une élaboration du concept de virtuel chez Lévy. Précisons. Lévy écrit :

> Le mot virtuel vient du latin médiéval *virtualis*, lui-même issu de *virtus*, force, puissance. Dans la philosophie scholastique, est virtuel ce qui existe en puissance et non en acte. Le virtuel *tend* à s'actualiser, sans être passé cependant à la concrétisation effective ou formelle [...] le virtuel ne s'oppose pas au réel mais à l'actuel : virtualité et actualité sont seulement deux manières d'être différents [1].

Je ne crois pas que le motif de l'« opposition » soit efficace, mais les conséquences en sont intéressantes :

> *D'un côté, l'entité porte et produit ses virtualités* : un événement, par exemple, réorganise une problématique antérieure et il est susceptible de recevoir des interprétations variées. *D'un autre côté, le virtuel constitue l'entité* : les virtualités inhérentes à un être, sa problématique, le nœud de tensions, de contraintes et de projets qui l'animent, les questions qui le meuvent sont une part essentielle de sa détermination [2].

Cependant à ce point, Lévy joue le couple virtuel-actuel contre le couple possible-réel, dans lequel le sens de l'opposition entre possible et virtuel est traité par Deleuze. Il s'agit d'un point délicat, et nous devrons comprendre quel est pour Deleuze le sens de

1. P. Lévy, *Qu'est-ce que le virtuel ?*, Paris, Éditions de la Découverte, 1995, p. 13.
2. *Ibid.*, p. 14.

l'opposition ; Lévy cependant l'utilise ainsi : « le possible est déjà tout constitué, mais il se tient dans les limbes. Le possible se réalisera sans que rien ne change dans sa détermination ni dans sa nature. C'est un réel fantomatique, latent. Le possible est exactement comme le réel : il ne lui manque que l'existence »[1].

Ainsi, le possible est statique, le virtuel est nœud de tendances ou complexe problématico-dynamique. Ce qui permet à Lévy de construire un « cadre ontologique » qui entrecoupe possible et réel, virtuel et actuel avec des moments de latence et une manifestation de substances et d'événements, à l'intérieur duquel actuel et virtuel articulent l'événement dans un processus non prédéfini, entrelacs de tentatives de réponse (actualisation) à des complexes problématiques (virtualisation), ou « être comme création », alors que le processus de réalisation se pose comme sélection de possibles définis, dans lesquels le possible est aussi pensé comme « *forme* à laquelle une réalisation confère une *matière* »[2]. Une sphère de latence qui comprend la persistance du possible et l'existence du virtuel conditionne un domaine de manifestation dans lequel subsiste le réel et se réalise l'actuel ; à leur tour, possible et réel sont des modes d'être de la substance et en constituent la dialectique ; virtuel et actuel sont des modes d'être et, comme on le disait, une dialectique de l'événement : pour Lévy, comme nous le savons déjà[3], « le réel, la substance, la chose *subsistent* » ; le possible renferme des formes non manifestes, qui *insistent* dans le réel ; le virtuel dont l'essence réside dans la sortie, *existe* ; l'actuel, manifestation d'un événement, *arrive*[4]. La proposition de Lévy qui se complique ensuite quand elle interprète les modes d'être ou processus selon un schéma causal (la réalisation comme cause matérielle, la potentialisation – mais on devrait dire *possibilisation* – comme cause formelle, appartenant toutes deux à

1. P. Lévy, *Qu'est-ce que le virtuel ?*, p. 14.
2. *Ibid.*, p. 135.
3. *Cf.* le premier chapitre de ce travail.
4. *Ibid.*

l'ordre de la sélection; l'actualisation comme cause efficiente, la virtualisation comme cause finale, entendues toutes deux comme processus créatifs), a de nombreux points intéressants : la conception du virtuel comme nœud problématico-dynamique, la conception du parcours *du* virtuel *à* l'actuel qui signifie penser la virtualisation comme processus interne et en même temps externe au «se passer», à l'actualisation de l'événement: interne comme «problème», «nœud de liens» et donc «finalité qui inspire les actes» ; externe par rapport à une dynamique reproductive et telle qu'elle est condition de nouveauté (grâce à laquelle «l'actualisation invente une solution au problème posé par le virtuel. Ce faisant, [...] l'actualisation *invente une forme*. Elle crée une information radicalement nouvelle» [1]). En outre, considérons que Lévy relie avec perspicacité, comme autant de processus de virtualisation, des processus complexes émergeant dans l'économique, le social etc., et n'est donc pas intéressé d'abord par le concept de virtuel comme dérivé de l'analyse du corps virtuel; le concept de virtuel est plutôt un «mode» d'être qui, avec celui de réel, possible, actuel, fonctionne comme description de l'ensemble global des êtres et de leurs processus : «réel, possible, actuel et virtuel sont quatre modes d'être différents, mais quasiment toujours à l'œuvre *ensemble* dans chaque phénomène concret que l'on peut analyser» [2]. Et finalement l'opposition virtuel-possible est étudiée par Lévy comme une fonction dont les termes peuvent s'échanger et se configurer dans les processus. Mais pour l'instant, je ne suis pas intéressé ici par l'élaboration d'une ontologie générale qui interprète le moment virtuel en «chaque situation concrète analysable»; cependant, il est nécessaire de souligner que l'opposition possible-virtuel dans les termes proposés par Lévy n'a pas de sens ontologique et pousse à un dualisme substance-événement dont Lévy s'efforce aussi de réduire les effets. Est-ce

1. *Ibid.*, p. 137.
2. *Ibid.*, p. 139.

l'étrange conception du possible comme quelque chose, comme être ? Un être en soi réalisé et déterminé qui attend d'être réalisé par un acte qui surviendrait[1], conception incompréhensible qui pense la réalisation comme un processus extrinsèque de simple position (traduction qui ne change *essentiellement* rien) *dans la* réalité ou *comme* réalité d'un être-essence en soi diminué, doté paradoxalement d'un acte d'être non existentiel. Il s'agit en réalité d'une façon erronée de penser la différence entre puissance active et puissance passive, dans laquelle la capacité de recevoir une perfection devient une essence déterminée (contenu ou ensemble de contenus potentiels). Concevoir un tel *être possible* comporte une série de confusions qui concernent la structure de l'être, parmi lesquelles l'impossibilité de saisir la puissance comme co-principe de l'être ou relation transcendantale, et la confusion, explicite chez Lévy, entre réalité et substance qui, à son tour, comporte la position de la différence structurelle entre substance comme synonyme de « réel » et événement, que Lévy lui-même s'efforce de réduire. En fait, à la fin de son volume sur le virtuel, Lévy se rend compte que « l'apparent dualisme entre la substance et l'événement recouvre peut-être une profonde unité »[2], et avec perspicacité il renvoie à Whithead pour lequel,

> les termes ultimes de l'analyse philosophique – ce qui est vraiment – sont des événements, appelés occasions actuelles. Les occasions actuelles sont des sortes de monades transitoires, des processus de perception élémentaires, généralement inconscients qui reçoivent certaines données des précédentes occasions actuelles, les interprètent, transmettent à d'autres leur synthèse et disparaissent[3].

Puis Lévy se sépare de Whitehead et propose en guise de principe ontologique général, une connexion substance-événement

1. Sinon à l'intérieur d'un formalisme scolastique, que nous n'avons pas à examiner ici, et qui a pensé l'être comme *id quod habet vel potest habere esse*.
2. P. Lévy, *Qu'est-ce que le virtuel ?*, p. 140.
3. *Ibid.*, p. 140-141.

qui pense l'événement comme «substance moléculaire, miniaturisée, fragmentée», et symétriquement la substance comme «apparence d'une société d'événements, une multitude coordonnée de micro-expériences grossièrement agrégées dans l'image d'une "chose"»[1]. Mais l'allusion à la métaphysique descriptive de Whitehead est intéressante, car certains aspects de cette théorie semblent adaptés à la description d'un champ éminemment interactif et structurellement relationnel comme celui du virtuel. Pour Whitehead, l'événement, nœud de relations multiples en devenir (et les corps sont pour Whitehead des événements et non des êtres matériels occupant un volume défini propre et égal pour tous les observateurs), n'est ni physique, ni psychique, mais complexe de sujet qui perçoit, de perçu, et de rapport entre eux. À leur tour, les événements structurent des nœuds complexes en les entrelaçant avec d'autres événements, et en prenant les événements comme des parties; ils ont ainsi la fonction de sujet, mais réversiblement d'objet lorsqu'ils sont à leur tour «pris» comme parties d'autres événements. Sujet et objet, actif et passif, ils sont donc des fonctions de processus réversibles, c'est-à-dire que le sujet n'est pas *subjectum* ou *substratum* mais plutôt, dans le langage de Whitehead, super-sujet, point-lieu provisoire, agrégation d'événements, de certaines phases spatio-temporelles du processus. Historiquement, cette ontologie qui, comme on le sait, se développe dans une théorie complexe des «objets éternels», construit des métaphores qui essayent de structurer un champ cohérent avec l'espace-temps relativiste[2] ; mais pour nous, il est surtout utile pour interpréter non seulement le corps-environnement virtuel en général, mais la situation difficile, bien que seulement hypothétique et théorique, de rencontre entre des corps qui sont des avatars. Ce qui implique une réversibilité sujet-

1. P. Lévy, *Qu'est-ce que le virtuel?*, p. 141.

2. En précisant que Whitehead n'accepte pas la théorie einsteinienne de l'espace non uniforme; cf. *The concept of nature*, Cambridge University Press, Cambridge, 1920; trad. fr. J. Douchement, *Le concept de nature*, Paris, Vrin, 1998, p. 35.

objet dans laquelle la différenciation des corps dans le champ, avec les dimensions, le volume, la forme, les qualités secondaires et tertiaires, a lieu dans une relative absence ou présencc de relations causales, en échange continuel. Pour utiliser une métaphore issue d'une autre tradition, on évoquera une constante déterritorialisation de la subjectivité et en général de l'identité, sans que celle-ci disparaisse comme horizon de l'expérience; en d'autres termes, il s'agit de penser les points d'échange comme des carrefours entre identité et différence.

La notion de déterritorialisation renvoie à Deleuze. De *Différence et répétition* Pierre Lévy avait justement tiré le concept problématique et banal de possible, joué ensuite en opposition à celui de virtuel. Maintenant, le virtuel est un concept informant la philosophie de l'événement de Deleuze, et tenter d'en délimiter les significations impliquerait de l'affronter dans sa complexité, alors que ce qui nous intéresse ici est de nous inspirer de la notion de virtuel élaborée par Deleuze pour la compréhension de l'objet virtuel comme image digitale interactive. Chez Deleuze, l'opposition possible-virtuel est avant tout stratégique par rapport au thème du temps. Le possible est conçu comme «à l'image du réel» [1] et est fabriqué rétrospectivement à partir de l'existant présent, c'est pourquoi réel et possible se constituent par une relation de ressemblance dans laquelle la différence est jouée par l'existence (dans le temps présent), ou par la présence. Le couple virtuel-actuel est l'indice d'une temporalité différente puisque la virtualité est «l'être en soi du passé» [2], un *est* qui justement n'existe pas, n'est pas présent, et pourtant n'est pas simple négation ou simple opposition. Dans le couple virtuel-actuel s'exprime la contemporanéité de sphères d'être non co-présentes [3].

1. *Cf.* G. Deleuze, *Différence et répétition*, Paris, P.UF., 1968, chap. IV.

2. G. Deleuze, *Proust et les signes*, Paris, P.U.F., 1964, p. 72.

3. Il s'agit de la façon qu'a Deleuze d'assumer l'héritage de Bergson. Une relecture attentive du chapitre *La mémoire comme coexistence virtuelle* serait essentielle : cf. *Le bergsonisme*,

D'où une différence dans la temporalité sous la forme d'un vide, d'une lacune qui ne se laisse pas résorber dans la présence ni donner une spatialité, et qui survient dans l'événement en évitant sa totalisation : « pour s'actualiser le virtuel [...] doit *créer* [...] ses propres lignes d'actualisation [...] tandis que le réel est à l'image et à la ressemblance du possible, l'actuel au contraire, *ne* ressemble *pas* à la virtualité qu'il incarne. Ce qui est premier dans le processus d'actualisation, c'est la différence » [1].

Ce sont les thèmes bergsoniens de la mémoire et de la durée qui sont traduits dans la dimension de l'inhabituel, hors des fondamentaux d'une temporalité qui maintient l'ouverture dans le tout de la présence ; c'est ce que Deleuze, au moins à un premier niveau, nomme *virtuel*. La virtualité permet que « tout ne soit pas donné » ; elle permet « une positivité du temps, qui ne fait qu'un avec une "hésitation" des choses, et, par là, avec la création dans le monde. Qu'il y ait un Tout de la durée, c'est certain. Mais ce tout est virtuel » [2]. Nous avons alors deux éléments qui distinguent le virtuel : un élément créateur et un élément négatif, une sorte de démarcation ou *non* de présence, qui interrompt la linéarité des relations de succession, en introduisant une différence. Le virtuel non présent coexiste avec l'actuel, en ayant des répercussions sur celui-ci comme ayant-été, et justement pour cette raison, puisqu'il coexiste en maintenant la différence, il permet à l'actuel de ne pas se résorber dans la présence. Le point qui nous intéresse ici est que Deleuze amène à un niveau de profondeur remarquable ce que nous avons laissé en suspens, c'est-à-dire la relation entre puissance et nouveauté comme superposition de passé et futur dans le *maintenant* de l'expérience, un point important pour comprendre la dynamique interactive du corps-image virtuel. Peut-être la position deleuzienne

Paris, P.U.F., 1966, p. 44-70. Pier Aldo Rovatti attire l'attention sur ce thème dans sa belle introduction à la traduction italienne, *Il bergsonismo e altri saggi*, Einaudi, Torino, 2001.

1. G. Deleuze, *Le bergsonisme*, p. 100.

2. *Ibid.*, p. 109.

fait-elle violence à la dialectique puissance-acte en l'interprétant comme dialectique possible-réel (mais le lexique est glissant, et parfois Deleuze assimile le virtuel au potentiel, et ne l'oppose pas au réel), méconnaissant de cette façon la valeur de la puissance, et forçant excessivement l'interprétation de la notion de possible; mais cette position a le mérite de penser la virtualité comme désorganisée par rapport à la succession passé-présent-futur : le rapport virtuel-actuel n'est pas un rapport de succession, et le virtuel n'est pas l'originel ; si c'était le cas, l'actuel se configurerait comme perte ou dégradation; le virtuel n'est pas pensable non plus comme non-encore à cause duquel l'actuel serait un gain et une perfection. Ce qui se présente comme augmentation ou perte, en somme comme nouveauté, est lu comme logique des différences ou des distributions virtuelles. Mais la distinction entre virtuel et actuel doit être pensée sur un plan d'immanence[1] univoque, qui « comprend à la fois le virtuel et son actualisation [...] L'actuel est le complément ou le produit, l'objet de l'actualisation, mais celle-ci n'a pour sujet que le virtuel »[2]. En somme, Deleuze pense la virtualité et l'actualité liées de manière spinozienne par un nœud expressif qui n'a rien à voir avec un rapport d'analogie ou une forme de ressemblance ; « Tout objet est double, sans que ses deux moitiés se ressemblent, l'une étant image virtuelle, l'autre image actuelle. Moitiés inégales impaires »[3].

1. Zourabichvili a bien vu ce point : Deleuze ne fait pas l'hypothèse d'un passage « du virtuel à l'actuel, du temps au corps, comme d'un principe transcendant à sa conséquence, en se proposant la tâche métaphysique de déduire l'existence [...] Nous ne pouvons faire l'économie du virtuel, même et surtout dans une philosophie de l'immanence : [...] "pluralisme=monisme", univocité [...] Le virtuel n'est pas du tout un deuxième monde, il n'existe pas hors des corps, bien qu'il ne ressemble pas à leur actualité. [...] l'abstraction commence quand on sépare le corps du virtuel qu'il implique, quand on ne retient que l'apparence désincarnée d'une pure actualité (représentation) », in *Deleuze. Une Philosophie de l'événement*, Paris, P.U.F., 2004, p. 83-84.

2. G. Deleuze, « L'actuel et le virtuel », dans *Dialogues*, Paris, Flammarion, 1996, p. 180-181.

3. G. Deleuze, *Différence et répétition*, p. 270-271.

Le terme «sujet» utilisé par Deleuze pour indiquer le virtuel, indique ici simplement le temps comme forme d'intériorité privée de subjectivité ; il indique une mémoire, une durée, une différence par rapport à n'importe quelle assimilation à une sérialité chronologique, il indique, en somme, le temps non spatialisé comme sens du virtuel : «la seule subjectivité est le temps, non vice-versa [...] La subjectivité n'est jamais la nôtre, c'est le temps [...] le virtuel» [1]. C'est un temps imprécis et imprévisible, antérieur et postérieur par rapport à toute succession et à tout mouvement, désarticulation de l'ordre :

> C'est le présent qui passe, qui définit l'actuel. Mais le virtuel apparaît, de son côté, dans un temps de plus en plus petit que celui qui mesure le minimum de mouvement dans une direction unique. Ce pourquoi le virtuel est « éphémère » [...] Le temps plus petit que le minimum de temps continu pensable en une direction est aussi le plus long temps, plus long que le maximum de temps pensable dans toutes les directions. Le présent passe [...] alors que l'éphémère conserve et se conserve [...] Les virtuels communiquent immédiatement par-dessus l'actuel qui les sépare [2].

Je crois que tout cela peut être pris comme la description efficace d'un champ d'expérience inhabituelle qui est une rencontre entre une mémoire organique et une mémoire informatique, des temps hétérogènes de mémoire qui se superposent, entre continuité organique et discrétion digitale, un champ dans lequel le virtuel est littéralement mis en cercle avec l'actuel, selon un renvoi qui se cristallise dans des expériences perceptives, en perçus, ou trous réciproques dans les corps non organiques et digitaux qui subsistent comme des événements interactifs. Cet échange perpétuel de l'actuel et du virtuel qui, dans le langage de Deleuze, définit un «cristal», je l'entends de manière limitée et distordue comme propre à l'environnement virtuel, de sorte qu'une ontologie générale soit

1. G. Deleuze *L'image temps*, Paris, Minuit, 1985, p. 111.
2. G. Deleuze, *L'actuel et le virtuel*, p. 184-185.

entraînée dans une région de l'être, celle de l'objet-événement virtuel, devienne exemplaire et non envahissante, et limite son pouvoir et sa vérité. Pour Deleuze « le rapport de l'actuel et du virtuel constitue toujours un circuit, mais de deux manières : tantôt l'actuel renvoie à des virtuels comme à d'autres choses dans de vastes circuits, où le virtuel s'actualise, tantôt l'actuel renvoie au virtuel comme à son propre virtuel, dans les plus petits circuits où le virtuel se cristallise avec l'actuel »[1]. Notre cas serait plutôt le second : il s'agit de singularité, ou de singularisations en des points remarquables à déterminer au cas par cas, individuations constituées par des relations ponctuelles entre actuel et virtuel. À ce sujet, exploration du champ et singularité, le concept deleuzien de virtuel est utile car il illustre l'entrelacs spécifique temps-image[2]. Deleuze s'inspire du cinéma, mais ce qu'il décrit peut s'appliquer au corps-image virtuel : quand le cinéma unit une image actuelle à des images-souvenirs, des images-rêves, des images-monde, alors actuel et virtuel entrent dans le circuit :

> Des circuits toujours de plus en plus vastes pourront se développer, correspondant à des couches de plus en plus profondes de la réalité et des niveaux de plus en plus hauts de la mémoire et de la pensée. Mais c'est ce circuit le plus resserré de l'image actuelle et de son image virtuelle qui porte l'ensemble, et sert de limite intérieure. [...] c'est précisément le plus petit cercle qui constitue ce point d'indiscernabilité, c'est-à-dire la coalescence de l'image actuelle et de l'image virtuelle[3].

Cette indiscernabilité ne débouche pas sur une confusion entre le réel et l'imaginaire, mais sur une « illusion objective » dans laquelle

1. G. Deleuze, *L'actuel et le virtuel*, p. 185.

2. Pour un développement très intéressant de l'image-temps deleuzienne en direction du virtuel, *cf.* J.-L. Weissberg, « Commentaires sur l'image actée, à partir de *L'image temps* de Gilles Deleuze », dans *Présence à distance*, Paris-Montreal, L'Harmattan, 1999, chap. VI, p. 207-238.

3. G. Deleuze, *L'image temps*, p. 93.

réel et imaginaire, présent et passé, actuel et virtuel acquièrent objectivité ou existence; Deleuze se demande alors «quels sont ces agglomérations d'actuel et de virtuel qui définissent une structure cristalline (en un sens esthétique général plutôt qu'en un sens scientifique)?»[1]. La réponse la plus facile et la plus directe désigne l'image reflétée :

> L'image du miroir est virtuelle par rapport au personnage actuel que le miroir saisit, mais elle est actuelle dans le miroir qui laisse seulement au personnage une simple virtualité et le repousse hors du champ. L'échange est d'autant plus actif que le circuit renvoie à un polygone au nombre de côtés croissant[2].

Le miroir permet un échange réciproque, un circuit virtuel-actuel qui se traduit en réversibilité entre limpidité et opacité, clarté et obscurité. Cette extraordinaire puissance herméneutique de l'image-cristal, Deleuze la fait tourner entre de grandes œuvres cinématographiques de manière à en montrer les visages multiples dans les miroirs expressifs qu'ils constituent. Mais cette cristallisation de la rencontre temps-image est justement ce qui advient dans l'expérience interactive et immersive du corps virtuel, corps qui renvoie mes actes, les reflète dans sa propre apparence, miroir absorbant et réfléchissant, en même temps qu'il inaugure le temps dans lequel se phénoménalise la mémoire: «le présent c'est l'image actuelle et *son* passé contemporain, c'est l'image virtuelle, l'image en miroir»[3].

Deleuze en interprétant à sa manière le Bergson de *Matière et Mémoire*, parvient à établir l'entrelacs temps-image virtuelle comme condition de possibilité de la temporalité en général, en poussant à penser que «le temps consiste dans cette scission, et c'est elle, c'est lui qu'on voit dans le cristal.[...] On voit dans le cristal la perpétuelle fondation

1. *Ibid.*, p. 94.
2. *Ibid.*
3. *Ibid.*, p. 106.

du temps, le temps non-chronologique, Kronos et non pas Chronos. C'est la puissante Vie non organique qui enserre le monde »[1].

Il me semble que la circularité et l'inextricabilité temps-souvenir, temps-rêve, la coexistence de couches de passé et de pointes de présent, la constitution d'une mémoire impersonnelle et la disjonction de la succession chronologique, en un mot : la virtualité de l'image-temps, prennent corps parfois dans certaines œuvres (sur cela Deleuze serait d'accord), mais sont finalement l'expérience du corps virtuel. Le corps virtuel, plus encore que l'écran cinématographique, dans sa structure ontologique, et non par ce qui est projeté en lui ou sur lui, est alors « la membrane cérébrale dans laquelle s'affrontent directement le passé et le futur, l'interne et l'externe, sans distance assignable, indépendamment de tout point fixe [...] L'image n'a plus l'espace et le mouvement comme caractères premiers, mais la topologie est le temps »[2].

Cette coexistence multiple des temps dans le maintenant définit un objet qui est un événement, et Deleuze pense bien le côté « événement » de l'objet-événement. Pour Deleuze, l'événement provient du chaos, ce chaos dont la philosophie, l'art et la science protègent, et qui est imaginé comme

> la vitesse infinie avec laquelle se dissipe toute forme qui s'y ébauche. C'est un vide qui n'est pas un néant, mais un *virtuel*, contenant toutes les particules possibles et tirant toutes les formes possibles qui surgissent pour disparaître aussitôt, sans consistance ni référence, sans conséquence. C'est une vitesse infinie de naissance et d'évanouissement[3].

De cette « virtualité chaotique » émerge, par le mouvement de la réflexion, une « virtualité devenue consistante, qui se forme sur un plan d'immanence qui recoupe le chaos. C'est ce que l'on appelle

1. G. Deleuze, *L'image temps*, p. 109.
2. *Ibid.*, p. 270.
3. G. Deleuze, F. Guattari, *Qu'est-ce que la philosophie ?*, Paris, Minuit, 1991, p. 111-112.

événement»[1], espèce de réserve, pure latence, intériorité du plan d'immanence qui coïncide avec cette temporalité non instantanée qui s'actualise dans l'instant en bouleversant, comme on l'a remarqué, la signification de point-lieu dans un ordre de succession.

Le vide[2] (lacune, ouverture, espacement, manque de détermination) mis en scène par la figure du chaos est intéressant[3], car permettant finalement de retourner à la dimension de la potentialité qui appartient à la structure ontologique du corps virtuel comme son co-principe. Je dirai que, dans une constitution de réalité non proprement relationnelle, le devenir de l'être, *synôlon* de puissance et d'acte, est accentuation du domaine de l'acte, alors que dans le cas du corps-événement virtuel, puisque celui-ci est interaction, phénomène de détermination relationnelle, c'est plutôt une double potentialité qui est mise en lumière. C'est pourquoi la dimension de la capacité, capacité de devenir, c'est-à-dire la dimension en acte de la puissance, est seulement relativement intéressant, étant relatif à une potentialité différente. On voit bien à l'œuvre, en observant le corps virtuel, un double pouvoir d'être réel excédant la capacité en acte, une latence en somme vraiment inconnue, indéterminable en droit, et pas seulement en fait, à travers l'analyse de l'être en acte. Cela signifie que dans l'être virtuel, on saisit que la puissance est un vide ontologique, un non-être relatif dans l'existant, ou encore, ce qui revient au même, on observe que la puissance est un se tenir *entre* l'être et le non-être. En revanche, on voit moins bien la *primauté* de l'acte, l'être comme substance, la permanence, l'identité etc.

1. *Ibid.*, p. 152.
2. Ce qu'écrit Jean-Clet Martin à ce propos est intéressant : il relie le problème de la réalité du virtuel à ce "Bathos" « non seulement d'obscurité mais d'indéfini et de rien » théorisé par Etienne Souriau pour penser la réalité ; *cf.* « Réalités virtuelles », dans *L'art à l'époque du virtuel*, p. 204.
3. La figure du chaos sous cet aspect, et relativement à la question de la puissance, a été pensé profondément par Giordano Bruno (*cf.* R. Diodato, « L'ombra di Bruno », *in* AAVV, *La pluralità estetica*, G. Marchianò (dir.), Torino, Trauben, 2001, p. 63-77).

chapitre 7

l'acteur-spectateur virtuel

Comme nous l'avons vu, une particularité du virtuel est de se présenter comme un «être intermédiaire» entre objet et événement, entre chose et image : «l'espace [...] virtuel n'est plus un substrat intelligible. C'est un objet de modélisation ou d'interaction constante avec les autres objets modélisés. L'espace virtuel, tant qu'il est expérimenté, est donc une image (l'image d'un modèle) et non une réalité substantielle» [1].

Je ne pense pas, comme j'espère l'avoir démontré, que l'opposition opérée par Quéau puisse être *simplement* acceptée [2], mais il est important de rappeler que les corps virtuels sont un *metaxu* [3], des êtres intermédiaires qui composent un monde hybride, interactif, visualisable comme une image de synthèse, envahissante, faisant participer la corporéité de l'utilisateur à l'image du corps virtuel :

1. P. Quéau, *Le virtuel. Vertus et vertige*, p. 20.

2. P. Quéau, à travers l'idée d'être intermédiaire, tente d'interpréter la relation entre potentiel et virtuel, ces principes s'entremêlant dans les corps virtuels, corps-environnements, ou "mondes" qui sont virtuels à cause de la présence virtuelle des modèles à l'intérieur des images qui les montrent, et qui sont potentiels en rapport à la puissance génératrice des modèles mêmes (*cf. Le virtuel*, p. 27) et qui sont donc actualisés (ou réalisés, P. Quéau ne distinguant pas entre les deux opérations) par l'interaction. P. Quéau tente aussi de penser le mouvement comme intermédiaire entre puissance et acte (*cf.* sur ce point intéressant *Metaxu. Théorie de l'art intermédiaire*, Champ Vallon-INA 1989, p. 96-97).

3. De ce concept P. Quéau tire l'idée d'"art intermediaire", centré entre autre sur l'idée intéressante que les ordinateurs permettent de concevoir des programmes qui se restructurent en fonction de leurs résultats, cf. *Metaxu. Théorie de l'art intermédiaire*, p. 332. Pour un développement de l'idée d'art intermédiaire, *cf.* J. Lafon, *Pour une esthétique de l'image de synthèse. La trace de l'ange*, Paris-Montréal, L'Harmattan, 1999.

«on vérifie – écrit justement Quéau à ce propos – une hybridation profonde entre le corps du spectateur-acteur et l'espace virtuel dans lequel il est immergé»[1]. Il s'agit alors de réfléchir sur l'idée d'acteur-spectateur[2].

Il est évident que l'idée de «spectateur», toujours à l'intérieur d'une théorie, conduit en soi le monde : le système de représentation, le goût, les conventions sociales et les convictions philosophiques, la culture donc (et pas seulement), y compris ce qui est doté d'une résistance majeure aux mutations historiques, par exemple la perception sensible et les qualités de l'émotion que les stratégies culturelles tentent d'interpréter. Surtout, le thème du «spectateur» inclut les formes des arts et des techniques, leurs matérialités inéluctables, leur évolution. Le spectateur d'une peinture n'est certes pas le même spectateur que celui d'une photographie, productions qui mènent, comme n'importe quel type artistico-technique, vers un complexe espace-temps différent et qui a des conséquences sur la figure du spectateur : le spectateur d'une photographie, qu'attend-il de la persistance du temps passé dans l'espace plan du maintenant sinon, comme le disait Barthes, la vision affective d'un spectre irrécupérable et donc la douleur d'un retour impossible ? Alors que dans la peinture semble toujours s'inaugurer un jeu différent, moins orienté vers la confusion entre la réalité du passé et la vérité, et dirigé davantage vers l'imaginaire de la simulation et de la modélisation du regard, dans l'appropriation spatiale fermée du devenir temporel. Mais dans le jeu des ressemblances et des différences, en vertu de ses aspects multimédias, c'est peut-être l'analogie avec le cinéma qui peut permettre d'approcher la figure du spectateur virtuel. En réalité, les nouveaux médias sont en général des opérations de remédiation, et même des «*remediations of remediations*» aptes à montrer de

1. P. Quéau, *Le virtuel. Vertus et vertiges*, p. 14.

2. Pour une introduction à l'idée de "spectateur actif" *cf.* A. Darley, *Visual Digital Culture. Surface play and spectacle in new media genres*, London and New York Routledge, 2000, p. 173-178.

manière évidente et amplifiée la tension entre *immediacy* et *hypermediacy*: une immédiateté, ou une transparence et un refoulement de la médiation, qui dans le cas maximum de la réalité virtuelle est le résultat d'un processus sophistiqué d'hypermédiation; et qui comme tel tend à se cacher. Chaque nouveau médium refonde, remédie aux medias qui le composent, en relation au niveau ou à la couche de remédiation de ce produit; de là l'analogie du cinéma-réalité virtuelle, soulignée par Bolter et Grusin en relation justement avec le regard d'un spectateur spécifique: «une façon d'interpréter la réalité virtuelle est donc de la considérer comme une remédiation du style subjectif du film, un exercice d'identification qui s'approprie un point de vue pour observer la réalité»[1]. Certes, il s'agit seulement d'une ressemblance partielle: dans un environnement virtuel, le spectateur est le point de vue, l'œil de la caméra, pour ainsi dire, et il semble avoir le pouvoir de décider quels mouvements faire faire à son œil. En réalité, l'œil, ou mieux, le corps, le complexe corps-esprit, même dans ce cas, est au moins partiellement hétéro-dirigé, mais pour le moment ce n'est pas la question: il s'agit plutôt d'utiliser l'analogie pour mettre en lumière les différences à partir d'un terrain de recherche amplement investi.

Avant tout nous avons affaire à un complexe simple et, je crois, assez acceptable de ressemblances: comme l'image cinématographique, l'image virtuelle est aussi le résultat d'un processus psychique complexe, dans lequel la perception n'est pas le simple enregistrement d'un stimulus externe, mais ce qu'avec Souriau nous pourrions appeler un «plan spectatorial»[2], lieu de réalisation d'un regard spécifique qui se structure dans l'interrelation avec certaines données, qui se réalise selon des modalités différentes. Nous pouvons à ce propos poser la question: comment le dialogue œuvre-

1. J.D. Bolter, R. Grusin, *Remediation*, p. 165-166.

2. *Cf.* E. Souriau, « La structure de l'univers filmique et le vocabulaire de la filmologie », dans E. Souriau et *al.*, *L'Univers filmique*, Paris, Flammarion, 1953.

spectateur s'instaure-t-il dans un environnement virtuel ? Arrêtons-nous un instant sur le cinéma[1] : la machine (garantie d'objectivité, et loi mécanique) de prise de vue (prise du réel : de toute façon garantie d'objectivité, *greifen* et *begreifen*, *capere* et *concipere*) travaille pour disposer l'œil du spectateur sur une échelle de distances qui se disposent quasiment sur un plan incliné tel qu'il produit le glissement du regard à l'intérieur de la scène. Voir, savoir et croire (c'est-à-dire les composantes eidétique, épistémique et doxique) dans ce processus scalaire sont toujours entrelacés et articulés. On va de la prise de vue objective, regard de personne, transparence de la médiation qui est un effet apparent de pur témoignage, point de vue neutre sur le monde, à la prise de vue objective irréelle qui rompt la vraisemblance de la relation entre le mouvement de la machine et le mouvement de l'œil en proposant des cadrages impossibles à l'humain – si bien que le médium devient opaque et que le spectateur, de témoin qu'il était, est convoqué comme interprète, paradoxalement appelé à s'identifier avec le regard réellement impossible de la machine. De là ensuite – dans un parcours qui abandonne progressivement la concentration sur la diégèse pour développer un savoir méta-discursif connecté aux manières de filmer plus qu'au contenu, jusqu'à l'instauration d'un savoir communicatif partiel, contingent et, d'une certaine manière, dialogique, d'où l'abandon de l'épistémè du regard de nulle part – le regard de la machine, à travers par exemple le regard d'un personnage dans la machine, devient une interpellation du spectateur. Et finalement dans la subjectivité, le regard du spectateur est, pour ainsi dire, attiré dans la scène, si bien que la vision, l'imagination et le savoir du spectateur s'identifient avec ceux d'un personnage : le point de vue, une fois perdues la globalité de la troisième personne et l'impératif de la seconde, retourne alors dans la catégorie du je, mais

1. Pour les distinctions qui suivent sur les formes du regard cinématographique, *cf.* F. Casetti, *Dentro lo sguardo. Il film e il suo spettatore*, Milano, Bompiani, 2001, en particulier les chapitres 2 et 3. *Cf.* aussi F. Casetti, F. Di Chio, *Analisi del film*, Milano, Bompiani, 1999, p. 243-248.

d'un je double, qui est un savoir interne-externe au texte, au point que, comme on le sait, un film tourné de manière interactive en caméra subjective ne provoque pas une illusion définitive d'immersion, mais accentue plutôt la présence de la machine de prise de vue. Le paradoxe de cette situation éclaire un échec qui fait partie de la fascination du cinéma : être une représentation à la limite de sa disparition. Le cinéma est ici entendu comme le sommet de l'histoire de la perspective, d'un point de vue objectivant, une distance et un détachement qui permettent la contemplation du monde, d'autant plus vraie qu'elle est plus neutre, et qu'on occulte les systèmes matériels et culturels de la médiation dans la fiction de l'opération cinématographique. À son sommet, cette opération de refoulement parvient à simuler le dépassement de la distance en opérant le dépassement de la fenêtre albertienne au moyen de la subjectivité : ce même œil qui a éprouvé le vertige de se faire «tout l'œil de tout l'horizon», pénètre maintenant le monde qu'il avait en face de lui et habite, pour ainsi dire, la scène dépeinte. Le cinéma est alors, sous de nombreux aspects, le sommet du regard en perspective, mais cette valeur est sa limite : la multiplication qualitative et quantitative des points de vue non seulement n'élimine pas le point de vue, mais surtout n'évite pas la distance : dans tous les cas l'effet de glissement à l'intérieur du cadre est interrompu et l'espace de l'écran n'est pas habité ; le mouvement et la multiplicité, le rejet de la fixité abstraite du regard ne provoquent jamais un abandon effectif de la distance, une immersion définitive. Au contraire, la distance est essentielle, justement pour le statut de spectateur du regard cinématographique, pour les dynamiques du désir qu'il met en œuvre, si bien que la distance de l'écran est celle d'un regard contraint à la distance, un regard qui se superpose à un regard, une promesse d'identifications ambiguës, un sentiment d'intimité avec l'étranger : l'altérité projetée sur l'écran est comme absorbée par le regard du spectateur qui est presque contraint à intensifier et à accélérer les mécanismes profonds de projection de soi et d'identification : l'animation mécanique des images, la succession des phases qui provoque l'illusion dynamique, se mélange sans solution de continuité avec l'animation perceptive, presque magique et animiste de l'image : croyance dans le double, dans la métamorphose et l'ubiquité, comme le rappelait Morin[1].

Pour résumer, nous savons donc que la vision perspective semble naturelle par habitude culturelle alors qu'elle est substantiellement artificielle, activité de construction qui imite la vision de l'œil ; lorsqu'elle réalise l'opération mimétique, elle institue le point de vue modélisant. Bien que la machine de prise de vue descende dans la chambre noire, le cinéma reprend cette tradition représentative, la représentation filmique présuppose un sujet qui la regarde, œil auquel est assigné un poste privilégié. Il rajoute certainement le mouvement, et donc la narration : instabilité, déroulement, temps, processus d'identification (que l'on pense seulement à la notion de plan, et à la manière dont elle agit sur l'appréhension du temps et du mouvement dans le champ) ; mais tout cela ne change rien à la distance essentielle à l'écran et à la dimension essentielle de la perspective, comme art de reproduire l'espace tridimensionnel dans la bi-dimension (pensons seulement à la profondeur de champ comme exemple du renforcement des effets de perspective de la part du dispositif cinématographique). Tout ceci renforce la perspective comme forme d'illusion. Et même la condamnation de la distance et l'illusion de son dépassement constituent au plus haut point la grande fascination du cinéma, duplicité souvent affirmée de manière raffinée de l'utilisation du dispositif, parfois pour produire des effets métalinguistiques : que l'on pense seulement à l'usage du plan-séquence, et à la duplicité interne-externe du regard poétique, en même temps réaliste et anti-réaliste. Les mécanismes de simulation de l'immersion sont intéressants, et en particulier les opérations et les théories du montage, en ce qui concerne la construction de la

1. E. Morin, *Le cinema ou l'homme imaginaire*, Paris, Minuit, 1956 (*cf.* la Préface).

narration ; mais il reste l'« objectif », la « machine de prise de vue », qui à chaque fois repoussent plus loin l'immersion. Or ce report, me semble-t-il, concerne également l'*Internet art* et, peut-être pour des motifs en partie différents, une grande partie de l'art digital (je n'entends pas discuter le terme « art », je me limite à le prendre comme allant de soi). L'élaborateur électronique, l'ordinateur, est à ce niveau un méta-médium, une médiation de médiation, comme le veulent Bolter et Grusin, il articule d'une manière nouvelle et il approfondit la tension entre *immediacy* et *hypermediacy*, comme on l'a dit. En revanche, il existe de profondes différences entre le spectateur cinématographique et l'utilisateur d'environnement virtuel. L'utilisateur d'environnement virtuel n'est pas assis dans son fauteuil (et dans le cas du cinéma, il est immobilisé dans l'obscurité), il ne se trouve pas devant un écran sur lequel défilent des images animées en deux dimensions, dont l'animation constitue une illusion de continuité et de mouvement qui propose à son regard un simulacre de perception de la réalité ; surtout son regard n'est pas dédoublé dans le regard autre de la machine de prise de vue. Il sent et agit dans un environnement sensiblement complexe qui n'est pas un simulacre, qui n'est pas une image de, puisque les corps virtuels renvoient littéralement à leur non-être, à des algorithmes, à des écritures : en somme, ils sont des corps avec leur genèse non biologique reconstructible, des corps produits par des intelligences et par d'autres corps, et non des reproductions qui se déroulent à l'infini. D'un côté donc, si l'environnement virtuel ne prévoit pas la co-présence de plusieurs acteurs humains, l'utilisateur, comme le spectateur de cinéma, peut quand même s'identifier avec son propre regard en qualité de foyer de la représentation, comme sujet privilégié de la vision : il voit l'environnement de son point de vue, la représentation (mais s'agit-il encore d'une « représentation » ?) de l'environnement s'organise depuis le point non précis, partiellement dynamique, mais unique de son propre corps ; dans un environnement virtuel cela arrive seulement partiellement, puisque spatialité et interaction ont le rôle de fonction de rupture de l'identification primaire du soi avec le regard propre. L'environnement virtuel est en fait avant tout un environnement spatial qui n'est jamais seulement un espace géométrique et un espace de perspective, mais il se forme comme mouvement et n'est rien d'autre que l'espace oculomoteur et cinesthésique : c'est un espace qui vit du mouvement du corps du bénéficiaire et de l'interactivité entre utilisateur et corps virtuel. Les « choses » dans cet espace ne sont pas des remplissages de l'espace, mais plutôt des concrétions qualitatives apparentes, des phénomènes existant par l'interactivité. Évidemment, les propriétés topologiques de cet espace devraient être étudiées avec soin, mais elles ne sont tout de même pas naturelles et univoques puisqu'elles sont produites au moins partiellement, même si de manière consistante, par l'interaction. Et l'interaction n'est pas seulement, ni peut-être même primairement, un fait physique, mais elle concerne plutôt des attentes et des désirs, des actions et des volitions.

Nous pouvons nous demander à présent quel sujet-spectateur est induit par le dispositif virtuel : on l'a dit, il reçoit, contrairement au spectateur cinématographique, une stimulation et exprime une non-suspension de la motilité, un surinvestissement des fonctions cinesthésiques, un sentiment d'inclusion devant la scène, un sentiment de différenciation et en même temps d'inclusion, parce que la scène n'existerait pas sans son action par rapport aux personnages de la scène dans laquelle il est inclus. À la pulsion de voyeurisme se substitue une pulsion d'insertion, d'intervention sans limite, d'omnipotence frustrée seulement par les limites du programme. Quel est alors le régime métapsychologique de l'immersion virtuellc, quels sont les processus d'identification, de constitution imaginaire du je et de différenciation du je ? Une caractéristique de l'environnement virtuel semble être la saturation : un effet de remplissage, de présence comme on l'a dit, et non d'absence et de distance : le spectateur ne se pose pas comme sujet en état de manque, virtuel comme une potentialité : il n'y à pas d'effet de suspension de la réalité, mais la présence d'une réalité autre, non comme un refuge à l'égard du réel mais comme sa potentialisation. Ce qui manque, c'est l'aspect régressif et l'aspect de suspension de la réalité, et donc, en fin de compte, la possibilité toujours plurielle d'identification avec le représenté, en particulier avec les personnages représentés : l'immersion rend le sens de l'altérité trop fort pour permettre une projection comme identification : le spectateur virtuel ne peut pas s'identifier avec le sujet de sa vision-action. Maintenant, cette interruption de l'identification primaire comporte l'interruption à un autre niveau des processus d'identification secondaire, qui ont quelque chose à voir avec la temporalité différente du virtuel. L'identité est toujours constituée d'une multitude d'identifications, c'est le lieu provisoire d'une synthèse partielle, contingente, souvent conflictuelle, d'images de soi plus ou moins hétérogènes ; sans aucun doute, le roman, le théâtre, le cinéma au moyen de la mise en scène de l'autre comme figure du semblable, ont joué un rôle très important dans les identifications secondaires, en mettant, pour ainsi dire, le je en chantier, en en construisant l'idéal par identification à des modèles différents, parfois divers, en partie contradictoires. Ces genres ont pu accomplir une telle opération car fondamentalement ils ont mis en scène des récits, ils ont suspendu leur lecteur-spectateur à des récits, dans un réseau structuré de relations enveloppantes et envahissantes, dans un enchevêtrement de présences-absences attirantes, devant lequel le spectateur-lecteur est presque contraint à déposer momentanément la conscience de soi pour retrouver, au terme de la lecture ou de la vision, son identité augmentée, déconstruite, en somme différente. Comme on sait, il s'agit de processus d'identification qui dépendent d'opérations structurées liées à l'art de la narration, qui en soi font abstraction de la psychologie mais produisent des effets psychologiques. Maintenant, le roman classique dans sa progression à travers des situations successives provoque une identification relativement stable, et il en va de même avec le cinéma narratif puisque la variation des points de vue est inscrite dans son code, ce qui fait que la scène se construit sur une multitude de points de vue tels qu'ils indiquent au regard du spectateur des parcours privilégiés qui semblent, même si c'est faux, se dérouler sous le regard du spectateur de façon continue dans un espace homogène. Dans les deux cas, chaque point de vue s'inscrit dans une hiérarchie, dans un réseau relationnel complètement prévisible et fini.

Mais quel récit est possible pour l'art virtuel ? Le dispositif ne permet pas de prévoir complètement les trames de la narration puisque l'interaction tout en étant limitée par l'espace logique de la programmation détruit la linéarité temporelle de l'histoire, introduisant en elle la charge épaisse et indéfinie de l'action de l'utilisateur, toujours partiellement imprévisible[1] ; pour utiliser une métaphore, on pourrait dire qu'elle introduit dans le système une certaine marge de liberté, de toute façon suffisante pour bouleverser l'ordre de la narration. Non plus un texte fermé avec un début et une fin, mais un texte dont la fin est interruption, contingence. On pourrait même dire que sans un ordre et sans une cohérence interne disposés sur des lignes même multiples (c'est le cas de l'hypertexte *off line* ou même accompli, quand l'histoire reste ouverte à plusieurs fins possibles) il n'y pas de narration, et on peut donc dire que le dispositif virtuel n'est pas narratif, ce qui implique la désarticulation du rapport entre l'énoncé et l'énonciation, parce que le lieu abstrait et non visible dans lequel s'élaborent les stratégies, la grammatique et le rythme de l'œuvre n'est pas une instance narrative cachée aux yeux du spectateur. De là peut découler tout de même une histoire, un ensemble de signifiés, mais c'est un récit qui n'est pas une narration, c'est un complexe d'éléments matériels (matière subtile ou corps virtuel) non doté d'un sens prédéterminé, une existence propre non autonome : un monde en construction et non un pseudo-monde ou un univers

1. Fulvio Carmagnola interroge ces thèmes, rapprochant le cinéma du virtuel au moyen de la notion d'hypertexte ; cf. *Plot, il tempo del raccontare*, Roma, Meltemi, 2004, p. 116-162.

fictif, une réalité virtuelle et non un simulacre de réalité. En somme, il s'agit d'une histoire dont on ne donne pas le scénario. C'est pourquoi dans la réalité virtuelle, changent de manière essentielle le sens de l'opération cinématographique fondamentale, et le sens du montage. En fait, au-delà des options métaphysiques de fond au nom desquelles l'opération de montage peut être soit condamnée parce qu'elle ne respecte pas l'extraordinaire et fascinante ambiguïté du réel (Bazin)[1], soit exaltée parce qu'elle donne sens à un réel amorphe ou inexistant (Eisenstein)[2], dans le cinéma, le montage manipule les plans, en ordonne la succession, en fixe la durée en fonction (syntaxique, sémantique, rythmique, etc.) de la construction de la narration; c'est grâce au montage que le spectateur cinématographique connaît sans voir, apprend par les modes d'association des qualités étrangères à chaque image prise en soi. Maintenant, même si le montage peut ne pas avoir de relation avec la narration, il a quand même dans le cinéma une relation avec le déroulement de l'image dans l'espace-temps du parcours unidirectionnel de la pellicule; en d'autres termes : le montage limite quand même l'imprévisibilité du réel, la contraignant à prendre un sens qui se déploie linéairement dans l'espace-temps. Au contraire, dans la réalité virtuelle, ce que nous pouvons appeler des opérations de « montage » doivent prévoir, mais ne peuvent pas prévoir complètement, la modification de l'environnement produite par l'interaction avec l'utilisateur. Les règles de montage de la réalité virtuelle ont donc le devoir de simuler l'ambiguïté du réel vraiment aux limites de la possibilité. Le modèle d'ontologie présupposé est donc mixte, entre l'ambiguïté immanente du réel et les opérations de coupure et de programmation, c'est-à-dire au travers d'institutions de sens, de réflexion sur le réel. Le « montage » informatique est alors un principe qui produit une signification, mais une signification fragile.

1. *Cf.* A. Bazin, *Qu'est ce que le cinéma ?*, (1958) Paris, Édition du Cerf, 2002.

2. *Cf.* S. Eisenstein, *Le film, sa forme, son sens*, trad. A. Panigel, Paris, Christian Bourgois, 1976.

Comment définir alors l'esthétique impliquée dans la réalité virtuelle ? Comme la possibilité d'opérer une transformation de la réalité dans un sujet imaginaire soumis à une poétique variant de manière kantienne, selon le temps, l'espace, la causalité ? Ou bien comme la possibilité d'opérer une simulation de réalité qui contient sa propre négation : une reproduction tendant à la perfection et dénonçant son propre échec, et donc sa propre ambiguïté, son incertitude, et plus encore le dynamisme interne imprévisible qui est le propre de sa matérialité spécifique ? Ou encore, comme un retour à la réalité physique et donc esthétique, puissante en vertu des effets du contenu qualitatif ? Quoi qu'il en soit, dans l'œuvre d'art virtuelle contrairement au cinéma classique, et d'une manière semblable à certaines *performances* et à certaines formes du théâtre contemporain, l'œuvre n'est pas perçue comme degré zéro de l'énonciation, ou comme mode « naturel », mais justement le degré maximum de simulation y est un témoignage du maximum d'artifice. L'art virtuel apparaît également, mais pas seulement, comme une forme audiovisuelle qui n'a pas inscrit dans le dispositif le devoir de former le regard du spectateur, de modéliser les flux de son désir, mais plutôt de correspondre à ce regard et à ces flux en s'intégrant à eux, en se laissant former et modifier dans la mesure où il forme et modifie. D'où l'idée d'extase avec un retour, ou mieux, de coïncidence : sortie hors de soi, et donc adhésion affective et intellectuelle capable de modifier le sens de l'événement. Comme nous le disions, nous sommes donc proches de certaines formes de théâtre contemporain, et de certaines formes de l'art qui incorporent des événements, mais dans un environnement spatio-temporel plus proche de celui du rêve, tel qu'il fait s'évanouir la polémique entre ceux qui croient en l'image et ceux qui croient en la réalité. La « présence », la sensation même de présence, l'immersion dans l'environnement virtuel, est un phénomène assez étrange : même dans un environnement « réel », la présence des corps est partiellement sujette à la complexité psychologico-culturelle du bénéficiaire, mais les corps-environnements sont externes dans un sens plutôt fort, tel qu'ils ne peuvent être modifiés par le simple être-là de cette complexité : ils ont leur résistance, pour ainsi dire, une altérité non réductible. Cette altérité du corps-environnement a des caractéristiques en revanche plus fluides dans l'environnement virtuel, puisque les corps virtuels sont ontologiquement externes-internes et que, dernière instance, et à travers des médiations sophistiquées et incidentes, ils renvoient à un dialogue entre utilisateur et programmateur. Nous avons en même temps une hétérodirection et une autodirection : une conscience de l'artificialité de l'espace-temps et des corps et, en même temps, une implication spontanée dont le degré dépend de la complexité technique de l'artifice. En ce sens, on peut comprendre l'expérience virtuelle comme une amplification de l'expérience du spectateur cinématographique : si le cinéma est image vivante, pour le dire comme Morin, et, comme représentation de représentation vivante, nous invite à réfléchir sur l'imaginaire de la réalité et sur la réalité de l'imaginaire, en revanche dans le cas du virtuel, l'élaboration du corps de l'imaginaire nous permet de réfléchir sur la *représentation* comme *réalité* en soi. Peut-être est-il vrai que le fait de représenter quelque chose implique une volonté au moins implicite d'affirmer, de dire, une énonciation, en quelque sorte un discours; mais dans le cas de l'art virtuel peut-on parler de «représentation»? Il est évident qu'ici s'ouvrent au moins deux voies : une voie qui, en suivant la théorie de la perception visuelle de Gibson, se dirait écologique et pousserait à interpréter les qualités de l'immersion et de l'interaction en évitant de retenir que l'utilisateur est un système d'élaboration d'informations en terme de représentations; et une autre pousserait à relire au niveau spéculatif les formes de l'art figuratif comme non narratives et non mimétiques, en suivant ici des théories bien connues, de Lyotard à Deleuze. Mais dans le cas de la réalité virtuelle que veulent dire non-représentativité et non-narrativité? Simplement que, comme nous l'avons déjà vu, les corps virtuels ne représentent rien d'autre que soi, qu'ils sont des images (digitales) mais non des images d'autre chose, et donc non des représentations, mais plutôt des êtres-images, si bien que les narrations qui peuvent se développer dans les milieux virtuels sont des problèmes en voie de développement et non des trames qui se démêlent dans l'espace-temps des relations causales, à partir d'une intensité ou d'un complexe qui les pré-comprend (selon le modèle état initial-transformations-état final). En d'autres termes : ce sont des événements d'un point de vue ontologique, ou mieux des événements-actions où la séparation, l'espace marqué par le tiret qui conjugue et divise, n'est pas identifiable avec précision. C'est pourquoi même le spectateur devient acteur, et réciproquement comme acteur il est spectateur : spectateur-acteur, actif-passif, potentiel-actuel ; en un mot, virtuel.

chapitre 8

pour une esthétique de l'hypertexte

Il semble très facile de définir ce qu'est un hypertexte[1]. Ainsi, par exemple, Landow :

> Hypertexte, un terme inventé par Theodor H. Nelson, se réfère à une forme de texte électronique, à une technologie de l'information radicalement nouvelle et à une modalité de publication. « Par hypertexte », dit Nelson, « j'entends une écriture non séquentielle – un texte qui se diffuse et permet au lecteur de choisir ; quelque chose dont on bénéficie mieux sur un écran interactif. Ainsi comme il est communément admis, un hypertexte est une série de morceaux de texte reliés par des liens qui permettent différents chemins au lecteur ». L'hypertexte, de la manière dont le terme sera utilisé dans les pages qui suivent, est un texte composé de blocs de texte – que Barthes appelle lexies – et de liens électroniques entre ces blocs ... Les liens électroniques (*links*) relient les lexies « extérieures » par rapport à une œuvre – par exemple, le commentaire d'un autre auteur, ou des textes parallèles ou en contraste – et des lexies internes, et créent ainsi un texte qui est vu comme *non linéaire ou, proprement comme multilinéaire ou multiséquentiel*[2].

Naturellement les blocs liés entre eux peuvent inclure des données qui ne sont pas seulement verbales, et ainsi l'hypertexte est aussi un hypermédium. De cette définition, Landow tire alors des consé-

1. Pour les définitions, *cf.* D. Fiormonte, *Scrittura e filologia nell'era digitale*, Torino, Bollati Boringhieri, 2003, p. 80-106.

2. G. P. Landow, *Hypertext. The convergence of Contemporary Critical Theory and Technology* Baltimore-Londres, The John Hopkins University Press, 1992, p. 4.

quences intéressantes au niveau théorique, appelant des contributions remarquables et très différentes les unes des autres, de Bakhtine à Foucault, de Barthes à Derrida. Cependant, reste le problème de l'opposition entre le *non linéaire et le multilinéaire* qui implique successivement d'autres problèmes. Le *multilinéaire* est un renforcement quantitatif du *linéaire* comme le *multiséquentiel* est un renforcement du *séquentiel*. Si donc l'hypertexte est justement un texte multilinéaire, alors, loin de la représentation et de l'expérimentation des modèles d'inscription, d'écriture ou de pensée non linéaire, il confirme et renforce des modèles de production linéaire que je dirais habituels. À propos de la pensée non linéaire, on trouve une note intéressante dans le livre de Landow :

> Dorothy Lee trouve une exception à la linéarité dans le langage des habitants des îles Tobriand, et explique que ceux-ci ne décrivent pas leur activité de manière linéaire ; ils ne décrivent pas leurs actes de manière dynamique ; ils n'utilisent même pas une conjonction inoffensive comme « et ». Selon l'auteur, ils n'utilisent pas de conjonctions causales dans les descriptions qu'ils font de la réalité, et « là où il y a un intérêt pour une activité de valeur, ils n'effectuent pas de suppositions sur la linéarité, à aucun niveau » [...] De la même manière donc, quand un habitant des îles Tobriand relie des événements, il n'effectue pas une mise en ordre de son développement, il ne produit aucun ton émotif. Les histoires n'ont pas de trame, pas de développement linéaire, et pourtant pas moins de climax[1].

Or je suis persuadé que la pensée n'est pas linéaire et séquentielle, et pour ainsi dire, qu'elle est un centre diffus, alors que le langage

1. G. P. Landow, *Hypertext*, p. 213-214. L'article de Lee est *Lineal and Nonlineal Codifications of Reality*, *in* J.L. Dolgin, D.S. Kemnitzer, D.M. Schneider (dir.), *Symbolic Anthropology : A Reader in the Study of Symbols and Meanings*, New York, Columbia University Press, 1977, p. 151-164.

verbal, comme langage discret, tend à ne pouvoir être que linéaire et séquentiel (sauf peut-être dans des cas exceptionnels, et exceptionnellement intéressants à étudier)[1]. Mais n'importe quel texte, et spécialement un hypertexte narratif, agit précisément de façon opposée : de n'importe quel point programmé (l'inévitable «début», en ce sens que même si beaucoup de débuts sont possibles, ils sont toujours programmés dans leur possibilité ; même le début sera toujours l'un des multiples possibles) partent des connexions causales qui font proliférer des trames qui peuvent se développer vers un climax ou bien, évidemment, choisir une *dispositio* stratégiquement différente, mais toujours de manière «linéaire». De ce point de vue, les narratologues peuvent être tranquilles : les vieilles catégories (fable, *narratio*, *plot* etc., tout ce qui en somme peut être trouvé dans le *Prince*) fonctionnent aussi pour l'hypertexte[2]. Les catégories peuvent cependant se compliquer parce que l'hypertexte (en particulier l'hypertexte narratif) réalise certaines possibilités, c'est-à-dire certains mondes possibles permis par le texte, d'où une exhibition de la multiplication des possibilités : une exhibition au sens propre, parce qu'elle fait émerger la trace de ses règles de constitution, ce qui provoque d'un côté une interruption de la transparence, dans la mesure où elle interrompt une fiction qui se voudrait toujours le plus mimétique possible, et une exposition des opérations techniques de mise en scène (et non de l'auteur, puisque l'IP est toujours un travail d'équipe, accompli par divers niveaux de compétences) ; d'un autre côté elle provoque au contraire une certaine liberté pour le bénéficiaire, qui n'est que le bon aspect du fameux effet de désorientation de la navigation hypertextuelle. Nous

1. Considérons par exemple le travail extrême, presqu'absurde, réalisé par Góngora sur le langage dans le but de plier celui-ci à la non linéarité ; *cf.* sur ce point mon *Vermeer, Gòngora, Spinoza. L'esthétique comme science intuitive*, Paris, Association Culturelle Mimesis, 2006, p. 159-204.

2. Sur le rapport entre critique littéraire et hypertextualité voir d'Alberto Cadioli, *Il critico navigante. Saggio sull'ipertesto e la critica letteraria*, Milano, Marietti, 1998.

avons donc deux questions qui convergent en une seule : le propre de l'hypertexte (IP) par rapport à son utilisation, ou si l'on veut : les potentialités de formatage du navigateur propres à l'IP.

La première question peut être formulée ainsi : l'excédent de la quantité (la quantité de parcours possibles, la multilinéarité dont la programmation est rendue possible par le substrat électronique de l'IP) amène-t-elle des variations dans la qualité ? Maintenant je crois que l'on peut dire que la construction d'un hypertexte implique un excédent de créativité par rapport à la construction d'un texte, un excédent qui consiste, à mon avis, non pas tant dans la sollicitation de plusieurs canaux sensoriels (l'aspect hypermédia de l'IP), ou dans l'accroissement de l'interactivité, mais plutôt simplement dans la construction de liens entre des blocs : l'hypertexte est ce texte en format électronique qui contient des boutons de lien, et il se peut que, moins les boutons sont utiles et plus l'hypertexte est créatif. C'est-à-dire : plus les boutons construisent un système de relations, un système de liens qui ont tendance à augmenter la complexité de sens du système, plus l'IP sera doté de qualités esthétiques. L'IP peut être ainsi pensé, selon une métaphore organique, comme un système de relations dans lequel les relations sont justement une valeur ajoutée, puisque la fonctionnalité des éléments qui composent le système dépend d'elles ; et donc selon une loi de formativité immanente, autrement dit un système d'autorégulation qui se constitue comme modélisation du bénéficiaire, c'est-à-dire comme condition de possibilité de l'interactivité. De ce point de vue, l'IP est une machine esthétique résolument classique ; nous pourrions le définir comme *oratio sensitiva perfecta*, qui, comme on le sait, est la définition que Baumgarten donne du poème dans les *Meditationes de nonnullis ad poema pertinentibus* [1] ; mais plus précisément l'IP serait un discours cognitivo-sensoriel parfait, tel que ses différentes parties tendent à la

1. *Cf.* A. G. Baumgarten, *Méditations philosophiques sur quelques sujets se rapportant à l'essence du poème*, in *Esthetique*, trad. J.-Y. Pranchère, Paris L'Herne, 1988, § VIII, p. 32.

connaissance de représentations cognitivo-sensorielles ; et il est d'autant plus parfait que les différentes parties y agissent pour susciter des représentations cognitivo-sensorielles. C'est justement ce que produit l'IP dans son aspect d'hypermédialité. Maintenant, la perfection est un consensus dans la variété où le terme consensus doit être pris dans son acception relationnelle et finaliste : un consensus des multiples dans l'un puisque, de cet un, les multiples constituent la raison suffisante. D'où une idée de fonctionnalité architectonique : l'un dans lequel les différentes parties « consentent » est, nous l'avons vu, la production de représentations cognitivo-sensorielles ; et puisque les parties variées sont elles-mêmes des représentations cognitivo-sensorielles, leur sens consiste dans le fait d'en susciter d'autres : l'IP génère, en dilatation mais en progrès contrôlé, des représentations toujours nouvelles : il produit ou il devrait produire le plaisir ou l'intérêt de la navigation, (la douce navigation...). Mais, à ce point, il vaut mieux ne pas faire valoir une poétique de l'IP avec sa *facultas figendi* et ses fantasmes particuliers, et en requérir plutôt le sens théorique : toujours plus, et toujours plus dans la mesure où il naît comme tel, c'est-à-dire parce qu'il est original et créateur (comme c'est le cas de l'IP narratif) l'IP dérive d'un processus constructif, non par décomposition, par déconstruction ou par fragmentation d'un texte, mais il dérive d'une construction de pages-écran à travers la connexion d'objets qui peut-être n'existent pas, sinon dans quelques cas de lexies (et parfois même de représentations sensorielles) : ce qui compte alors, c'est la qualité des objets, des blocs ou des éléments sur lesquels se concentre la force de la technologie et surtout, la structure ou la cohérence, c'est-à-dire le lien et le thème sur lesquels se concentre la force de la théorie. Mais ici, ce ne sont pas les problèmes de syntaxe interne, c'est-à-dire interne ou externe, qui nous intéressent, mais plutôt le concept de lien, le statut de la relation. Le lien est une liaison sensée : c'est la relation par laquelle le fait réciproque du *se donner raison* des éléments est actualisé; aucun *link* dans l'IP ne doit être stérile, infécond : l'IP constitue un environnement dans lequel les éléments se lient successivement entre eux avec une apparence de suture, selon une modalité fondamentalement fluide mais interrompue par la sensibilité de portions d'écran. Mais l'IP peut prendre forme, c'est-à-dire se réaliser comme structure, s'il existe en lui un thème ou un *propositum*, un *argumentum* qui soit une raison suffisante des éléments ou des représentations sensorielles qui le composent (c'est à ce niveau, cependant difficile à identifier avec clarté, que se joue la question du genre « littéraire » d'appartenance). Il est clair que l'IP est une métaphore efficace du monde. Si nous cartographions l'espace de ce monde, nous avons un espace physique, un espace logique et différents espaces représentatifs, explicites ou phénoménaux (ce qui apparaît en page-écran), implicites ou virtuels (les liens possibles de/depuis la page-écran, et donc le réseau intra et inter-textuel) et un espace phatique qui connecte et maintient la connexion avec l'utilisateur ; il est donc avant tout symbolique justement dans son aspect, dans la forme qu'il prend pour formater les mouvements d'interaction[1]. Mais ce qui m'intéresse n'est pas l'aspect rhétorique, c'est l'espace logique (qui explique la métaphore du monde), qui correspond au niveau de l'invisible, de la condition de possibilité de la représentation, c'est-à-dire de l'architecture conceptuelle sur la base de laquelle les éléments sont organisés, cette structure qui constitue le lieu d'inscription des parties qui composent l'IP, et que, interprétée dans son sens finaliste, j'ai nommé thème. Maintenant, l'espace logique est le lieu de l'écriture effective de l'IP du point de vue du sens, lieu méta-textuel qui sert de médiateur aux textes de l'IP. Comme je le disais, la logique de cet espace est multilinéaire, mais la multiplicité est ici une valeur de qualité puisqu'elle produit un effet de liberté sur le bénéficiaire, sur le lecteur-visionneur-auditeur. Loin d'être anarchique, l'espace

1. *Cf.* F. Colombo, R. Eugeni, *Il testo visibile*, Firenze, La Nuova Italia Scientifica, 1996, p. 197.

de l'IP est doté d'une organisation tellement sophistiquée qu'il produit un effet de liberté, et cela constitue une certaine image philosophique du monde, dont la complexité nous fait croire que nous opérons des choix libres.

Je ne me pose pas ici de questions sur la logique de l'espace logique, qui est une logique spatiale d'association en réseau, une topologie qui fonctionne selon le principe de proximité mais dans laquelle «l'attribution des référencements et la compréhension du sens sont continuellement suspendues, jusqu'à ce que le *pattern* tout entier puisse être saisi dans son unité»[1]. Ce qui m'intéresse, c'est plutôt de souligner que l'IP constitue une certaine image théologique du monde : l'Auteur pluriel de l'IP est un *Deus absconditus*, un Dieu transcendant plutôt qu'un horloger programmateur, qui prédétermine les parcours et les choix en construisant à travers leur quantité ce que j'ai appelé un effet de liberté. Il est important de remarquer que dans l'IP traditionnel (disons *off line*) la puissance virtuelle des connexions est élevée mais pas infinie : si elle était infinie, la structure logique et le sens de la liberté changeraient aussi. Nous avons donc un renforcement du rôle de l'auteur, mais d'un auteur absent.

Pour le moment, j'ai présenté le concept de poète créateur de la tradition leibniziano-wolffienne qui, porté à l'hyperbole, conduit au *mundus poetarum* de Baumgarten; au niveau du jugement, il s'agit d'évaluer le concept de projet, la téléologie de la structure hypertextuelle, c'est-à-dire le thème; mais si nous sortons de l'IP *off line* et si nous nous penchons sur l'IP présent sur le web, que se passe-t-il? Que se passe-t-il si, au-delà de l'*hypertext*, nous ajoutons le *transfert protocol* dans l'environnement particulier du WorldWideWeb?

Comme nous l'avons vu, l'IP *off line* dit finalement un monothéisme : même si l'auteur est collectif ou multiple, cela veut dire seulement

1. G. Bettetini, N. Vittadini, B. Gasparini, *Gli spazi dell'ipertesto*, Milano, Bompiani, 1999, p. 58.

qu'il ne se configure pas comme une forme identitaire forte ou subjective qui, par certains aspects, est une invention intéressante de la modernité. Du reste, un Dieu unique peut aussi contenir une pluralité intrinsèque.

En revanche, le web est polythéiste, c'est un espace païen dans lequel il y a beaucoup de dieux et c'est donc un espace que l'on ne peut survoler d'un seul regard : aucun hyperauteur ne peut avoir un regard totalisant sur le web. Cela ne signifie pas un gain absolu de liberté, mais certainement un sens accru de la liberté pour l'utilisateur, même si l'utilisateur se meut toujours dans un nombre partiel de localités. C'est pourquoi l'IP sur le web implique des problèmes théoriques en cascade : et avant tout « l'effrangement » de la limite. J'ai pu considérer l'IP comme le prolongement d'une œuvre relativement classique parce qu'il était accompli : la réalisation est condition de possibilité pour une échelle des perfections, et donc pour une modalité traditionnelle de l'évaluation esthétique. Et même l'œuvre d'art est ce qui est accompli, unique, original, fermé dans et par sa nouveauté, y compris dans la multiplicité des règles. D'autre part, l'œuvre en tant qu'œuvre, cette œuvre finie, est toujours infinie en tant que porteuse d'une vérité essentiellement ambiguë, qui tout en restant elle-même est toujours autre chose que soi dans la pluralité des interprétations. Mais quelle interprétation est possible pour un IP qui s'effrange dans le web, dont les liens sont finis quantitativement mais pour des effets (par ses effets) infinis du point de vue du bénéficiaire ; pour un IP dont les limites ou les frontières se fluidifient et se défont continuellement dans le jeu d'une navigation non maitrisable sinon par la logique plurielle de l'utile et du désir ? Je ne sais répondre à cette question. L'IP *on line* n'est-il pas essentiellement différent de l'IP *off line* ? Pourtant, et c'est cela qui m'intéresse, fait mieux ressortir certains aspects conceptuels : je me limite à en esquisser deux. Le premier point concerne à nouveau la temporalité, évidemment comme effet de l'interactivité, ou mieux, sa perception à travers l'espace : nous savons que la réception des éléments d'une page-écran se déroule à un premier niveau en parallèle, en un coup d'œil, et que ces éléments sont codifiés instantanément par le cerveau : nous sommes devant un texte iconique complexe dont la perception est analysable à un niveau de typologie planaire par exemple, mais à ce premier regard instantané s'ajoute quasi-immédiatement une réception séquentielle. Dans l'IP *on line*, ce double processus se distend dans un environnement perceptivo-temporel indéfini. Maintenant, il semble que cela ébranle l'évidence apparemment sans fracture du présent comme forme du temps : dans ce type d'expérience immersive qu'est la navigation web, le temps est vraiment ressenti comme «un temps qui ne se recueille pas», un temps toujours travaillé par une disjonction, par un report qui est le «lieu» même de l'altérité, introduit dans le même instant que la perception. Le second point concerne la notion de monde. Le web est un ensemble en expansion continuelle qui modifie et en même temps est modifié par ses utilisateurs. Les points de vue qui sont toujours intérieurs au réseau, parce qu'un point de vue externe, global ou vrai ne peut exister, sont en même temps déterminés et indéterminés, sont en même temps définis et indéfinis parce qu'ils ne sont rien d'autre que des relations en mutation continuelle. Dans ce système essentiellement privé de vérité, le monde semble être pensé comme une structure relationnelle, et multiplié potentiellement à l'infini dans le réseau expressivo-représentatif des interactions et des liens. Ce monde a un caractère total : dans son dynamisme, tous les possibles qui peuvent s'actualiser s'actualisent, mais il n'est doté d'aucune théologie puisqu'un regard dominant externe n'est pas possible : il s'agit donc d'une métaphore ultérieure et alternative du monde.

Par rapport à l'argument de l'IP *on line*, sur lequel nous ne pouvons imaginer que des expérimentations mentales, faute d'une technologie appropriée, une considération supplémentaire concerne le concept de cyberespace, et surtout le concept de virtuel, ou mieux de «réalité virtuelle», notion d'une remarquable densité conceptuelle qui n'est pas facile à étudier (pensons seulement au problème de la détermination de la notion de fidélité de la RV). Ces concepts intéressent particulièrement l'esthétique, puisqu'ils impliquent la corporéité, en lien avec l'intelligence ; il me semble qu'à l'objet propre de l'esthétique appartiennent des modalités de l'expérience dans laquelle corps et esprit sont inextricables, et je pense que l'on ne peut définir des concepts, connus comme ceux de l'intelligence collective et de l'intelligence connective, qu'en relation avec les modes virtuels de la corporéité. L'IP dans le cyberespace devrait alors être considéré comme un environnement sensoriel-cognitif au-delà de ce qui est techniquement possible aujourd'hui. Pour le moment, je définirais cet environnement comme un espace haptique[1] ; l'espace haptique n'est pas optique, ce n'est pas une organisation qui fonde l'apparence en la détachant et en la détourant par exemple selon les lois de la perspective, il n'est pas non plus un espace tactile qui d'une certaine manière émousse l'intelligence visuelle pour se concentrer sur la sensibilité, en subordonnant pour ainsi dire l'œil à la main. C'est plutôt un lieu d'intégration dans lequel l'œil touche l'environnement, la main voit les choses dans une réversibilité continuelle. Nous sommes là devant une métaphore ultérieure du monde dans laquelle le maximum de l'artificialité permet de s'approcher de la nature : « le monde n'est pas quelque chose à représenter, mais on naît, pour ainsi dire, dans les choses du monde ». A ce point, il est clair que je suis en train de paraphraser *L'Œil et l'Esprit* de Merleau-Ponty. Essence et existence, imaginaire et réel, visible et invisible : l'IP virtuel brouille toutes nos catégories en déployant son univers onirique d'essences charnelles, de ressemblances efficaces, de significations muettes.

1. Je prends le terme avec la signification de Deleuze, cf. *Francis Bacon. Logique de la sensation*, Paris, La Différence, 1981, *cf.* par exemple. chap. XIV. Sur l'environnement virtuel comme *haptic space*, *cf.* M. B. N. Hansen, *New Philosophy for New Media*, Cambridge (Mass.)-London, The MIT Press, 2004, p. 110-121.

origine des textes

Certaines parties de ce texte sont parues, avec quelques variations, dans des revues ou des actes de congrès, elles sont ici reprises avec l'aimable autorisation des directeurs de publication et éditeurs.

– « Estetica del virtuale », *in* L. Russo (sous la direction de), *La nuova estetica italiana*, "Aesthetica Preprint : Supplementa", 9, 2001.

– « Per un'estetica dell'ipertesto », *in* P. D'Alessandro (sous la direction de), *Internet e la filosofia*, LED, Milano, 2001.

– « Estetica del corpo virtuale », *in* T. Griffero (sous la direction de), *Corpi virtuali*, "Rivista di estetica", n.s. 27, XLIV, 3, 2004.

– « *Visual thinking as Virtual thinking* », *in* L. Pizzo Russo (sous la direction de), *Rudolf Arheim : arte e percezione visiva*, "Aesthetica Preprint : Supplementa", 14, 2005.

– « Spettatore virtuale », *in* A. Somaini (sous la direction de), *Il luogo dello spettatore. Forme dello sguardo nella cultura delle immagini*, Vita e Pensiero, Milano, 2005.

table des matières

Achevé d'imprimer par Corlet, Imprimeur, S.A. - 14110 Condé-sur-Noireau
N° d'Imprimeur : 137522 - Dépôt légal : avril 2011 - *Imprimé en France*